INHALT

CLEVER!
Sparfüchse aufgepasst! Mit diesen Tipps und Tricks können Sie zusätzlich Geld sparen oder etwas Besonderes erleben

LUXUS LOW BUDGET
Edles echt günstig! Ob Hotel-Suite, Gourmet-Lunch oder Designer-Outfit. Gehen Sie mit uns auf Schnäppchenjagd

SCHLAFEN 98

MIT KINDERN 114

CITYATLAS PARIS MIT STRASSENREGISTER........ 128

REGISTER 168

IMPRESSUM 171

48 h LOW BUDGET WEEKEND............................. 172

48 h LUXUS LOW BUDGET WEEKEND 174

ÖPNV-PLAN (METRO – RER – TRAMWAY) 176

W0065489

TOP **10**

> Staunen und sparen – toll, was Sie alles in Paris für wenig Geld entdecken und erleben können. Manches ist ganz besonders: Hier unsere zehn besten Insider-Tipps

 PÉNICHE CINÉMA **[139 E2]**
Schwimmend einen Film ansehen, das geht nur in diesem kleinen Kino – auf einem Hausboot. Dank freiem Eintritt können Sie sich anschließend noch mit einem der leckeren Drinks an der Schiffsbar stärken *(S. 25)*

 URBAN ART MUSEUM **[135 F2]**
Das Paris mehr kann als alte Öl-schinken, beweist das Museum für Straßenkunst in der innovativen Pro-grammierschule „42", das auf Re-servierung kostenlose Führungen anbietet *(S. 28)*.

 FOOD MARKET **[147 D4]**
Kulinarischer Orgasmus garantiert! Einmal im Monat bietet der Pariser Food Market die Crème de la Crème der Pariser Streetfood-Köche *(S. 58)*

LA RECYCLERIE **[137 D1]**
Postindustrielle Großstadtromantik: Das junge kreative Paris jenseits der touristischen Klischees trinkt seinen Kaffee für 1 Euro in diesem stillge-legten Bahnhof mit Blick auf die Gleise. Ideal für eine Pause nach ei-nem Flohmarktbummel *(S. 66)*

MÛRE **[145 D4]**
Für wenig Geld gesund und regional essen? Auch das geht in Paris. Ja mehr noch: Bio ist das neue Cool. In diesem Restaurant wird mit Obst und Gemüse vom eigenen Bauern-hof gekocht *(S. 67)*

EDITORIAL

> **Liebe Leserin, lieber Leser,**

Paris ist im Olympia-Fieber und putzt sich für 2024 heraus. Ob zu diesem oder zu einem anderen Anlass: Mit den vielen Tipps in diesem Reiseführer erleben Sie die Schöne an der Seine zum Schnäppchenpreis – und müssen dabei auf nichts verzichten. Der Blick vom Montmartre-Hügel etwa ist genauso grandios wie der vom Eiffelturm, und kostet keinen Cent. Und die Pariser kämpfen dafür, dass die Ufer der Seine autofrei bleiben: Wo noch bis vor kurzem die Stadtautobahn verlief, können Sie nun auf 7 km an zahlreichen Sehenswürdigkeiten vorbeiflanieren. Selbst unter den viel gerühmten Restaurants der Metropole finden sich kleine, feine Adressen, die kulinarische Köstlichkeiten zum fairen Preis servieren. Zumal viele junge Spitzenköche auf anti-elitäre Lässigkeit statt teurem Schickimicki setzen. Schlafen, shoppen, schauen: Es gibt Tage, an denen weltberühmte Museen wie der Louvre keinen Eintritt kosten, nette, versteckte Hotels, in denen die Pariser Nächte durchaus erschwinglich sind, und Läden, in denen Sie sich supergünstig à la française einkleiden können.

Viel Spaß beim Entdecken!
wünscht Ihnen Ihr MARCO POLO Team

UNSERE AUTORIN

FELICITAS SCHWARZ ist ein gebürtiger Fischkopp mit indischem Einschlag, studierte Saarländerin und Wahlpariserin. Angefangen hat alles mit einem Erasmusjahr an der Sorbonne Nouvelle. Hätte ihr damals jemand gesagt, dass sie knapp 15 Jahre später als Redakteurin und freie Autorin immer noch in Paris leben würde, sie hätte ihm wohl einen Vogel gezeigt.

SYMBOLE:

 MARCO POLO INSIDER-TIPPS
Von unserer Autorin Felicitas Schwarz
für Sie entdeckt

 KOSTENLOS
Hier zahlen Sie keinen Cent!

TOP 10 DIE BESTEN LOW BUDGET TIPPS 4

START IN DIE STADT.................................... 6

TOP 10 DIE BESTEN SEHENSWÜRDIGKEITEN 16

KULTUR & EVENTS 18

MEHR ERLEBEN 36

ESSEN & TRINKEN 50

SHOPPEN 70

NACHTLEBEN 84

DIE BESTEN
LOW BUDGET TIPPS

 MARCHÉ D'ALIGRE [152 C4]

Auf diesem Markt tobt das Leben. Afrikanische, indische und chinesische Stände sorgen für fremdländisches Flair, die tolle Secondhandmode für Freude bei allen Schnäppchenjägern *(S. 77)*

 CHINEMACHINE [136 C5]

Jede Menge Vintage-Mode, eine coole Website und eigene Mixes bei Soundcloud: Chinemachine ist viel mehr als eine Boutique, eher so etwas wie ein ganz eigener Kosmos aus Style, Spirit – und Sparpreisen *(S. 80)*

RÉCIPROQUE [141 E5]

Hier hängen sie alle, die zu eleganten Kleidern gewordenen Entwürfe und Ideen vieler großer Couturiers aus Paris und der Welt – gut erhaltene Schätzchen und noch dazu zu prima Preisen. Die sechs nach Themen sortierten Secondhandshops von Réciproque sind eine echte Fundgrube *(S. 83)*

 ELDORADO [136 A5]

Ein Hotel mit dem Namen eines sagenhaften Goldlands – und tatsächlich: Wer hier ein Zimmer ergattert, hat einen Schatz am Fuß des Montmartre aufgetan, mit liebevoller Ethnoeinrichtung und Bistro samt lauschigem Innenhof. Und das zum Traumpreis! *(S. 102)*

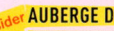 **AUBERGE DE JEUNESSE ADVENIAT** [143 D4/5]

Schon im stylishen Foyer der Jugendherberge fühlt man sich wie in einem Hotel. Und auch der Rest des gepflegten Hauses in der Nähe der Champs-Élysées hält, was der erste Eindruck verspricht *(S. 107)*

> Gut und günstig nach Paris und auf preiswerten Pfaden durch die Luxusmetropole – gar kein Problem!

Da steht er, der Eiffelturm, und sieht genauso aus, wie man ihn sich vorgestellt hat. Jeder, der nach Paris kommt, hat bereits ein Bild der Metropole vor Augen, zu berühmt sind die einschlägigen Motive. Und dennoch: Ein Bummel entlang der Seine, ein Spaziergang durch das romantische Montmartre, ein Glas französischer Rotwein in einem lauschigen Bistro, das alles sind echte Paris-Momente, die man selbst erlebt haben muss. Dazu die Innenstadt mit den berühmten Kirchen und Museen, den Baudenkmälern und den mächtigen Boulevards, die wie die Champs-Élysées schon allein durch ihren Namen begeistern. Dass man sich zwischen all diesen historischen und architektonischen Schätzen relativ einfach und günstig bewegen kann, werden Sie schnell merken. Die öffentlichen Verkehrsmittel sind in Paris recht günstig, darunter auch die Stadtfahrräder Vélib', die an 1400 Verleihstationen auf Sie warten, darunter jetzt auch E-Bikes. Auf dem Fahrrad können Sie die Metropole aus einer ganz besonderen Perspektive erleben.

Legen Sie los, Sie werden feststellen: Paris mag Glanz und Glamour versprühen – aber man muss bei Weitem kein Millionär sein, um die vielen Verlockungen der Schönen an der Seine zu genießen.

START IN DIE STADT

ANREISE

AUTO

Wenn Sie kein ausgesprochen passionierter Autofahrer sind und keine zusätzlichen Zwischenziele anpeilen, dann sollten Sie nicht mit dem eigenen PKW nach Paris reisen. Neben den nicht ganz unerheblichen Gebühren auf Frankreichs Autobahnen *(péage)* können hohe Parkkosten auf Sie zukommen. Außerdem bieten nur wenige Hotels Parkmöglichkeiten. Es gibt daher genügend Pariser, die ganz auf ein Auto verzichten, da die Parkplatzsuche oft zu einem Albtraum werden kann. Zum Teil ist der Parkraum außerdem schlecht markiert, und hat sich dann erst einmal eine Kralle der Polizei an Ihrem Reifen festgebissen, kann es richtig teuer werden. Auch muss vor – eher unkonventionellen – Einparkgepflogenheiten gewarnt werden: Gerne wird beim Parken durch Stoßstangenarbeit Raum geschaffen. Fürchten Sie um Ihren Lack, sollten Sie Parkhäuser ansteuern, die allerdings in der Regel mindestens 2 Euro pro Stunde kosten – an touristisch attraktiven Orten leicht mehr als das Doppelte!

Wollen Sie dennoch mit dem eigenen Gefährt anreisen, dann lassen Sie es am besten an den *portes* (Pforten) des *périphérique* (Umgehungsring) stehen: Bei Parking Paris 19 kostet das ==Park-and-Ride-Ticket am Wochenende== *(Fr ab 14 bis So 19 Uhr)* nur 25 Euro. Ihr Wagen steht in einer videoüberwachten, regelmäßig kontrollierten Parkgararge, während Sie mit der Metro in die Stadt fahren

Insider Tipp

(*www.parking2000.com*). Dort würden Sie in einem Innenstadt-Parkhaus für genau den gleichen Zeitraum wesentlich mehr ausgeben.

Übrigens können Sie sich sowohl als Anbieter als auch als Suchender an eine große Mitfahrerzentrale wie beispielsweise *www.blablacar.de* wenden, die ständig eine große Auswahl von Fahrten nach und von Paris anbietet.

BAHN

Klar, wer zuerst bucht, bucht am günstigsten. Vergleichen Sie die aktuellen Sonderangebote, wie zum Beispiel „Zum Valentinstag in die Stadt für Verliebte", welche die Deutsche Bahn im Programm hat. Seit einiger Zeit fahren aufgrund eines Abkommens mit der französischen SNCF diesseits und jenseits des Rheins Züge mit Höchstgeschwindigkeiten von bis zu 320 km/h. Je nachdem, wo Sie wohnen, kann das schneller sein, als das Flugzeug zu nehmen, da Sie dann auch noch die Eincheckzeit berechnen müssen. Darüber hinaus sind die Bahnhöfe in Paris zentraler gelegen als die Flughäfen, womit Sie sich auch das teurere RER-(S-Bahn)-Ticket dorthin sparen *(siehe S. 10)*.

Von grenznahen Städten wie Saarbrücken gibt's Angebote für nur 29 Euro für eine einfache Strecke. Der Klassiker ist das 39-Euro-Ticket nach Paris, das von den meisten Städten (auch ab Berlin) gilt. Für das günstigste Ticket lohnt der Vergleich zwischen *www.bahn.de* und *https://de.oui.sncf*. Die SNCF bietet den BahnCard-Rabatt und Sonderangebote für unter 26-Jährige.

BUS

Oft eine der preiswertesten Möglichkeiten, nach Paris zu kommen, ist die Fahrt mit dem Bus. Zuweilen kann solch eine Reise allerdings etwas beschwerlich werden, vor allem, wenn es sich um eine der noch günstigeren Nachtfahrten handelt. Auf *www.busreisen24.com* können Sie über 100 Veranstalter vergleichen, die auch Pauschalreisen mit Hotel und Stadtrundfahrten anbieten. Angebote für drei Tage bekommt man bereits für um die 50 Euro, etwa von Hamburg, München oder Berlin aus.

FLUGZEUG

Es kommt vor, dass bei einer kurzfristigen Buchung der Flugpreis niedriger ist als ein Ticket mit der Bahn. So gibt

START IN DIE STADT

es beispielsweise Hin- und Rückflüge von Frankfurt nach Paris mit Lufthansa schon für um die 100 Euro. Vergleichen Sie am besten das aktuelle Angebote auf einschlägigen Internetseiten wie *www.momondo.de, www.swoodoo.de, www.billigflieger.de* und weiteren Portalen.

Je nach individueller Vorliebe und Ihrem Ausgangsort können Sie natürlich auch direkt bei Fluglinien wie Eurowings *(www.eurowings.com)*, easyJet *(www.easyjet.com)*, Lufthansa *(www.lufthansa.com)* oder Air France *(www.airfrance.com)* nach Schnäppchenflügen forschen. Wie bei der Bahn gilt auch hier die Regel: je früher, desto billiger. Kurzentschlossene finden womöglich auf *www.lastminute.de* Angebote.

ANKUNFT

BAHNHÖFE

Je nachdem, von wo aus Sie nach Paris reisen, kommen Sie an verschiedenen Bahnhöfen an. Reisende aus Frankfurt, Mannheim, Stuttgart, München und Berlin verlassen den Zug in der Seine-Metropole normalerweise am Bahnhof Gare de l'Est. Wer dagegen aus Köln und Düsseldorf kommt, erreicht die Metropole an der Gare du

Nord. Beide Bahnhöfe sind fußläufig voneinander entfernt. Wer aus der Schweiz kommt, trifft wiederum am Bahnhof Gare de Lyon ein. Um vom Bahnhofsgleis aus mit der Metro oder der S-Bahn *(RER)* weiterzukommen, brauchen Sie nicht auf die Straße hinaus, sondern können unterirdisch umsteigen.

FLUGHÄFEN

Entweder landen Sie am Flughafen Charles de Gaulle *(CDG)* im Norden der Stadt oder in Orly *(ORY)* im Süden. Beide Flughäfen liegen ungefähr eine halbe Stunde vom Zentrum entfernt. Kommen Sie beispielsweise mit einem Lufthansa-Flug am Terminal 1 des Charles-de-Gaulle-Airports an, bringt Sie 🐷 der kostenlose Bahnzubringer zur RER (S-Bahn). Von dort kommt man mit der RER B für 10,30 Euro in 50 Minuten ins Zentrum. Das ist billiger als die Bus-Shuttles: Der Roissybus fährt tagsüber alle 15 Minuten bis zur Haltestelle Opéra. Er kostet 12 Euro und benötigt 60 bis 75 Minuten. Für die ähnliche Strecke bezahlt man für den Air-France-Bus 17 Euro. Weitere öffentliche Verkehrsmittel sind die Busse 350 und 351 *(drei Einzelfahrscheine für insgesamt 5,70 bzw.*

6 Euro, wenn Sie die Fahrscheine beim Busfahrer kaufen, 60–90 Minuten ins Zentrum).

Vom Flughafen Orly aus ist die RER mit 12,10 Euro geringfügig teurer, da Sie hier die kleine Verbindungsbahn Orlyval, die an das RER-Netz anschließt, mitfinanzieren. Der Orlybus kostet nur 8,30 Euro und fährt in 30 Minuten bis Denfert-Rochereau. Der Air-France-Bus kostet 12 Euro.

Sie können natürlich auch ein Taxi von einem der Flughäfen nehmen, allerdings ist dies die teuerste Variante. Vom Charles-de-Gaulles-Air-port kostet die Fahrt ins Zentrum je nach Ziel ab 50 Euro, vom Flughafen Orly aus ab 30 Euro. Weitere Informationen zu Fahrzeiten, Streckenplänen und Tarifen finden Sie unter *http://int.parisaeroport.fr/de*.

UNTERWEGS IN PARIS
BUS, METRO, RER

Paris verfügt über ein sehr gut ausgebautes U-Bahn-Netz, die meisten Metrostationen liegen angeblich nicht weiter als 500 m voneinander entfernt. Es kann allerdings sein, dass Sie, um zu einem bestimmten Ziel zu

CLEVER!
> *So sparen Sie bei Metro & Co.*

Das normale Metroticket, das *ticket t*, das auch für den Bus gilt, kostet 1,90 Euro. Allerdings gibt es eine Reihe von Vergünstigungsmöglichkeiten: Bei einem *carnet* (Zehnerstreifen) reduziert sich der reguläre Ticketpreis auf 1,49 Euro, und Sie können die Karten auch an den nächsten Tagen verwenden. Ebenfalls sparen können Sie mit der *Carte Mobilis*, einer Tageskarte für 7,50 Euro: Die zwei Zonen, in denen Sie die Karte einsetzen dürfen, reichen aus für die Innenstadt.

Mit der *Carte Paris Visite* kostet Sie der Tag 12 Euro, und Sie erhalten Preisnachlässe im Disneyland Paris oder in den Galeries Lafayette. Die gängigsten Sehenswürdigkeiten sind allerdings nicht enthalten. Wer länger bleibt, für den lohnt sich der *Paris Navigo Découverte (22,80 Euro, plus 5 Euro für die Karte und ein Passbild)*. Damit können Sie sich jeweils von Montag bis Sonntag in allen fünf Zonen bewegen. Lohnt sich bereits ab einer Nutzung von vier Tagen!

gelangen, mehrmals umsteigen müssen. Manchmal ist dann der überirdische Fußweg angenehmer als sich zu lange in den „Katakomben" der Pariser Metro aufzuhalten. Alle Metrotickets gelten generell auch für den Bus, mit dem Sie viel mehr von der Stadt sehen. Aber Achtung: Wenn Sie mit einem Einzelticket von der Metro in den Bus umsteigen oder umgekehrt, müssen Sie ein neues Ticket entwerten. Besonders attraktiv sind die Buslinien *73 (Triumphbogen, Champs-Élysées, place de la Concorde, Musée d'Orsay)* und *21 (Opéra Garnier, Palais Royal, Louvre, Île de la Cité, Saint-Michel, Jardin du Luxembourg, rue Mouffetard)*. Statt einer organisierten Busrundfahrt für rund 25 Euro zahlen Sie für ein Ticket nur 1,90 Euro. Aus- und wieder einsteigen ist möglich, allerdings ist ein Einzelticket nur 1,5 Stunden gültig.

Die normalen *tickets t* sind für 1,90 Euro in jeder Metrostation erhältlich. Die Automaten sind auf Deutsch umstellbar. Auch wenn Sie sich in einer Großstadt befinden – unter der Woche fährt die Metro nur bis 0.30 Uhr und am Wochenende bis 1.30 Uhr. Infos zu vergünstigten Tickets finden Sie auf S. 10.

insider ipp

TAXI & VTC

Im europäischen Durchschnitt sind in Paris die Taxigebühren mit 3,83 Euro Grundgebühr und einem Maximalbetrag von 1,56 Euro pro km relativ niedrig. Zwischen 10 und 17 Uhr ist Taxifahren am günstigsten, was Sie an dem weißen Licht auf dem Dach erkennen können. Abends steigt der Preis, und das Licht springt erst auf Gelb und beim Erreichen der höchsten Preisstufe auf Blau um. An den Taxiständen wartet man in Paris oft vergebens, und bei einem Anruf *(Tel. 01 45 30 30 30)* zahlen Sie die Anfahrtsgebühren zusätzlich. Günstiger wird es oft mit einer Voiture de Tourisme avec Chauffeur, kurz VTC, die Sie über Apps wie Chauffeur privé *(www.chauffeur-prive.com)*, Uber *(www.uber.com)*, leCab *(Tel. 01 76 49 76 49, www.lecab.fr)* oder Marcel *(Tel. 01 70 95 14 15, www.marcel. cab)* buchen können.

TOURISTENINFORMATION

Auskünfte erhalten Sie im zentralen Office du Tourisme et de Congrés de Paris im Rathaus *(Mai–Okt. tgl. 9–19, Nov.–April tgl. 10–19 Uhr | 29, rue de Rivoli | www.parisinfo.com | M 1: Hôtel de Ville | 4. Arr.).*

Weitere Touristenbüros sind am Bahnhof Gare du Nord (1. Arr.) sowie im Carrousel du Louvre (1. Arr.) zu finden. Sie bieten Ausküfte, Zimmervermittlung, Tickets und Broschüren und Pläne, auch auf Englisch.

VÉLIB'

Vélib' *(vélo en libre-service)* ist ein Verleihsystem von Fahrrädern. Die erste Vélib'-Generation wurde 2018 durch zwei neue Modelle ersetzt: Neben herkömmlichen Rädern (grün)

Entspannt am Stau vorbei: Mit Leihfahrrädern lässt sich Paris locker erkunden

können Sie sich nun auch ein E-Bike (blau) leihen. Alles, was Sie brauchen, ist eine Kreditkarte. Die rund 1400 Stationen, an denen die geliehenen Fahrräder wieder abgestellt werden können, prägen mittlerweile das Stadtbild. 🐷 Das Ausleihen eines normalen Rads ist in der ersten halben Stunde gratis, jede weitere halbe Stunde kostet 1 Euro. Für ein E-Bike kostet die erste halbe Stunde 1 Euro und jede weitere halbe Stunde 2 Euro. Hinzu kommt eine Basisgebühr von 5 Euro/Tag oder 15 Euro/Woche. Ganz Schlaue leihen sich nach den ersten 30 Minuten ein neues Rad.

Auf *www.velib-metropole.fr* finden Sie einen Plan der Verleihstationen. Zwar ist die Stadt fleißig dabei, die Radwege auszubauen, trotzdem ist Vorsicht angesagt: Der Pariser Straßenverkehr ist gewöhnungsbedürftig.

WOHIN ZUERST

Am besten starten Sie Ihren Paris-Aufenthalt an dem Ort, an dem das Herz der Metropole vor über 2000 Jahren zu schlagen begonnen hat: an der Seine und auf den Inseln. Machen Sie eine Schifffahrt und schauen Sie sich den Kern der Stadt erst einmal vom Wasser aus an!

Gleiten Sie unter unzähligen Brücken hindurch und an eindrucksvollen Monumenten wie dem Louvre, dem Musée d'Orsay, der Kathedrale Notre Dame und dem Hôtel de Ville vorbei und umrunden Sie die Inseln Île de la Cité und Île Saint-Louis. Letztlich war es nämlich die Seine, die nicht nur die ersten Bewohner auf der Île de la Cité als natürliche Stadtmauer geschützt hat. Auf ihr wurden auch – wie auf einer Art Lebensader – aus ganz Frankreich die Waren herantransportiert. Auf diese Weise wurde Paris reich und reicher und wuchs zu einer der glanzvollsten Städte der Welt heran.

Die Boote von Batobus legen an neun Haltestellen an, wo Sie bequem aus- und wieder zusteigen können. Natürlich können Sie die Tour auch als Ganzes abfahren, was ungefähr zwei Stunden dauert. Die Boote fahren im Rhythmus von 25 bis 40 Minuten, die Tageskarte kostet 17 Euro (für Kinder unter 16 Jahren 8 Euro, für Studenten 11 Euro), und der Sightseeingtrip auf dem Wasser ist allemal origineller und günstiger als eine Stadtrundfahrt mit dem Bus.

Am besten nehmen Sie zum Einstieg die Haltestelle am Fuß des Eif-

felturms. Einst verhöhnt, gilt das über 125 Jahre alte Bauwerk heute als bedeutendstes Wahrzeichen. Steigen Sie an der Metrostation Trocadéro aus und nähern Sie sich über den gleichnamigen Platz hinweg der „Eisernen Dame", bis Sie die Brücke Pont d'Iena überqueren und gleich rechts unten in Ihr Boot einsteigen können. *Tgl. Sommer 10–19 bzw. 21.30, Winter 10.30–17 bzw. 19 Uhr | Fahrkartenverkauf an allen 9 Haltestellen | www.batobus.com | M 6, 9: Trocadéro | 16. Arr.*

INTERNET & TELEFONIEREN 🔳

Die Metropole soll eine digitale Stadt werden – wovon Sie an den mehr als 400-WLAN-Plätzen (franz. *wifi*) profitieren, die die Stadt 🐷 kostenlos zur Verfügung stellt. In vielen öffentlichen Parks oder auch an bekannteren Orten wie im Centre Pompidou weisen Schilder auf Internetverbindungen hin. Darüber hinaus bieten sehr viele Cafés, Restaurants und Fastfood-Filialen 🐷 kostenloses WLAN *(wifi gratuit)*, ebenso wie die meisten Hotels und Jugendherbergen. Des Weiteren gibt's auch eine Reihe von Internet-Cafés wie beispielsweise die Kette Milk *(tgl.*

durchgehend geöffnet | 31, boulevard de Sébastopol | www.milklub.com | M 1, 4, 7, 11, 14, RER A, B, D: Châtelet – Les Halles | 1. Arr.).

Pariser Festnetznummern fangen mit 01 an, mit Ausnahme der Festnetznummern von Internetanbietern, die landesweit mit 09 beginnen. Handynummern beginnen mit den Ziffern 06, oder mit 07, wenn es sich um neuere Nummern handelt, und Sondernummern mit 08. Und wenn die Batterie nicht mehr reicht: An den neuen Pariser Bushaltestellen können Sie mit einem USB-Kabel unterwegs Ihr Smartphone aufladen.

WEITERFÜHRENDE INFOS 🔳

Mittwochs erscheint das Veranstaltungsmagazin „L'Officiel des spectacles" *(www.offi.fr)*. Es bietet neben Hinweisen zu kulturellen und anderen Events auch eine Rubrik für Unternehmungen mit Kindern und Jugendlichen. 🐷 „A Nous Paris" ist gratis und liegt montags gestapelt in den Metrogängen zum Mitnehmen aus. Morgens, wenn der Arbeitstag beginnt, werden an den meisten Metro-Ein- und Ausgängen 🐷 die kostenlosen Tageszeitungen „20 Minutes" und „CNews" verteilt.

Bild: WLAN ist in den Parks und an vielen öffentlichen Plätzen kostenlos

TOP **10**

> Das sollten Sie nicht verpassen! Auch, wenn der eine oder andere Eintritt nicht immer den Geldbeutel schont: Diese Sehenswürdigkeiten gehören zu Paris einfach dazu

1 ARC DE TRIOMPHE   [142 B/C3]

Sternförmig laufen am mächtigen Triumphbogen zwölf Avenuen zusammen. Die Aussicht auf Paris und die Champs-Élysées ist fantastisch. *Eintritt 12 Euro | tgl. April–Sept. 10–23, Okt.–März 10–22.30 Uhr | 27, rue Vernet | www.paris-arc-de-triomphe.fr | M 1, 2, 6 und RER A: Charles de Gaulle – Étoile | 8. Arr.*

2 EIFFELTURM   [148 B2]

Vor allem nachts funkelt der stählerne Riese verführerisch. Der neue Glasboden in der ersten Etage schenkt den Besuchern das erhabene Gefühl, hoch oben über Paris zu schweben. Und der Ausblick auf die Stadt ist einfach nur wundervoll *(S. 119)*.

3 ÎLE DE LA CITÉ   [151 D–E2–3]

Trotz des Andrangs der vielen Besucher sind die alten Gassen der Seine-Insel auch heute noch romantisch. Lassen Sie sich einfach treiben und zum Bummeln zwischen vielen exklusiven Läden und netten Cafés verführen. *M 4: Cité | 4. Arr.*

4 JARDIN DU LUXEMBOURG 🐷   [150 B–C4–5]

Über das große Bassin ziehen Modellsegelboote, der städtische Trubel ist weit weg: Holen Sie einfach mal tief Luft im berühmtesten Park der Stadt, wie es die Pariser seit 400 Jahren tun. Das ist für gestresste Großstädter und Familien mit Kindern eine wohltuende Auszeit *(S. 115)*.

5 MONTMARTRE   [136–137 B–D3–5]

Man trifft sich vor der Basilika von Sacré-Cœur, um die herrliche Aussicht auf die Stadt zu genießen. Und dann taucht man ein in die Gassen jenes Viertels, die ahnen lassen, wie das Dorf einmal war, bevor Renoir, van Gogh oder Toulouse-Lautrec hier lebten *(S. 40, 48)*. *M 2: Anvers, M 12: Abbesses | 18. Arr.*

6 MUSÉE D'ORSAY [150 A–B2]

Der ehemalige Bahnhof beherbergt in seinen lichtdurchfluteten Hallen die weltweit größte Sammlung von Werken französischer Impressionisten *(S. 30)*. *Eintritt 12 Euro,* 🐷 *EU-Bürger bis 25 Jahre und 1. So im Monat frei | Di–So 9.30–18, Do bis 21.45 Uhr | 1, rue de la Légion d'Honneur | www.musee-orsay.fr | M 12: Solférino oder RER C: Musée d'Orsay | 7. Arr.*

7 MUSÉE DU LOUVRE [150 C1–2]

Eines der größten Museen der Welt ist längst nicht nur Heimstätte für die Venus von Milo oder Leonardo da Vincis Mona Lisa. In acht Themenbereichen sind 35 000 Kunstwerke auf mehr als 60 000 m² Fläche zu entdecken – genug für mehrere Tage. Die ägyptische Sammlung begeistert vor allem auch die jüngeren Parisfans *(S. 120)*.

8 MUSÉE DU QUAI BRANLY – JACQUES CHIRAC [148 C1]

Ein Völkerkundemuseum, das sich sehen lassen kann: In einem eindrucksvollen Gebäude geht es in den Sammlungen einmal um die ganze Welt. Auch Kinder faszinieren die interaktiven Ausflüge nach Asien, Afrika, Ozeanien und Amerika *(S. 124)*.

9 NOTRE DAME [151 E3]

In der monumentalen Kirche auf der Île de la Cité litt Victor Hugos Glöckner, hier wurde Napoleon zum König gekrönt. Vom Turm des 850 Jahre alten Meisterwerks der Gotik schweift der Blick über das stets pulsierende Stadtleben. 🐷 Lassen Sie sich die Kostbarkeiten der Kirche kostenlos zeigen oder lauschen Sie einem der klanggewaltigen Orgelkonzerte – je nach Gusto *(S. 31, 35)*.

10 PLACE DES VOSGES [152 A–B3]

Place Royale war der ursprüngliche Name eines der ältesten und schönsten Plätze von Paris. Wahrhaft königlich wirkt auch heute noch das symmetrische Ensemble von 36 herrschaftlichen Stadtpalais, in deren Arkaden sich elegante Kunstgalerien und Restaurants befinden *(S. 22)*.

> **Kunstgenuss pur – oft völlig kostenlos. Denn Paris legt Wert darauf, dass seine Kulturschätze für alle da sind**

In Frankreichs Hauptstadt warten mehr als 160 Museen auf Besucher. Am ersten Sonntag im Monat sind 🐷 viele Museen kostenlos (im Louvre gilt dies nur von Oktober bis März). Für EU-Bürger bis 25 Jahre ist der Eintritt übrigens oft ganzjährig kostenlos! Grundsätzlich keinen Eintritt kosten auch die Dauerausstellungen von elf städtischen Museen, darunter so berühmte Häuser wie das Musée d'Art Moderne *(S. 29)* oder der Petit Palais *(S. 30)*. An den Tagen der offenen Denkmals *(S. 34)* können Sie kostenlos öffentliche Gebäude besichtigen. Auch sonst geizt Paris nicht mit (preisgünstiger) Kultur: In der Oper *(S. 33)*, im Ballett und Theater *(S. 33)* können Sie inmitten überbordenden Prunks Aufführungen für nur 5 Euro besuchen. Günstige Tickets bekommt man auch fürs Kino *(S. 24)*, ein Höhepunkt sind die sommerlichen Open-Air-Gratisvorstellungen im Parc de la Villette *(S. 25)*. Jazz-Fans erleben ihr (Gratis-) Festival im Parc Floral *(S. 31)*, Rock und Pop gibt's kostenlos beim Festival Villette Sonique *(S. 22)*, Anhänger klassischer Musik können in den Pariser Kirchen Gratiskonzerten lauschen *(S. 32)*. Und alle kommen 🐷 *gratitement* beim musikalischen Höhepunkt der Fête de la Musique *(S. 20)* im Juni auf ihre Kosten.

KULTUR & EVENTS

FESTIVALS & EVENTS ▰▰▰

BANLIEUES BLEUES

Eines der bekanntesten Jazzfestivals, das im März und April während fünf Wochen an den verschiedensten Orten am östlichen Pariser Stadtrand stattfindet. Je nach Bekanntheitsgrad der internationalen Musikgruppen variieren die Ticketpreise, sie beginnen aber schon ab günstigen 8 Euro – und das für Jazz allerfeinster Güte!

Oft treten die Musiker in alten Fabrikhallen oder ähnlich spannenden Locations auf. Das genaue Programm teilnehmender Künstler und die Veranstaltungsorte sind rechtzeitig auf der Homepage des Events zu finden. *Eintritt ab 8 Euro | März/ April | www.banlieuesbleues.org*

EUROPÄISCHE NACHT DER MUSEEN 🐷

Einmal im Jahr, an einem Samstagabend Mitte Mai, kosten die meisten Pariser Museen keinen Eintritt. Umrahmt wird dieses Event oft noch von weiteren künstlerischen Programmen, das können dann in dieser einen Nacht mehr als 150 Veranstaltungen in 75 Museen sein. Dann kommt es vor, dass im Garten des Musée Carnavalet *(S. 30)*, das der Stadtgeschichte von Paris gewidmet ist, klassische Musik gespielt wird, im Musée de la Chasse (Jagdmuseum) Tierfilme an die Wand projiziert werden und im Musée Cognacq-Jay die Restaurierung von Möbeln aus dem 18. Jh. demonstriert wird. Manche Häuser werden besonders schön an-

gestrahlt, andere wie das Pariser Gewerbemuseum (Musée des Arts et Métiers) organisieren Schatzsuchen oder präsentieren Videoinstallationen. Das Programm ändert sich jedes Jahr, und die Zahl der Besucher steigt: Warteschlangen meist sehr gut gelaunter Menschen vor den Museumstüren sorgen für echte Volksfeststimmung. *Eintritt frei | Sa im Mai 19–24 Uhr | www.nuitdesmusees. culturecommunication.gouv.fr*

FÊTE DE LA MUSIQUE 🐷

Nachdem der damalige Kulturminister Jack Lang am 21. Juni 1982 die Fête de la Musique ins Leben rief, ist das Musikfestival am längsten Tag des Jahres immer populärer geworden und wurde in vielen europäischen Städten nachgeahmt. An jeder Ecke von Paris treten Amateur- und Profimusiker kostenlos auf. Die Stimmung ist meist grandios! Es kann vorkommen, dass alte Omas aus dem Marais

CLEVER!

> Interessante Tickets für unter 30-Jährige

Theaterkarten für 10 Euro für unter 26-Jährige bekommt man bei den Vereinigten Pariser Theatern. Für Vorstellungen (*Di–Do*) solange der Vorrat reicht. Unter *www.theatresparisiensas socies.com* auf „offres/places jeunes" klicken, und per Telefon reservieren. Der Kiosque Paris Jeune ist eine Einrichtung der Stadt Paris, über die junge Leute unter 30 Jahren an vergünstigte Tickets zu Kultur- und Freizeitangeboten in der Hauptstadt kommen. Das kann ein angesagtes Kabarett sein, ein Theaterstück oder auch ein Streetdancefestival. Ebenfalls im Angebot

sind Kinoveranstaltungen, Shows, Ausstellungen, Vorträge oder Sport-Events. Dabei handelt es sich um eine Art von Last-Minute-Schnäppchen, pro Abend kann man pro Person zwei Karten zu vergünstigten oder sogar 🐷 Gratis-Events ergattern. Frühestens zwei Tage vorher kann man einen Versuch starten und sich für die Buchungsnummer am Kiosk anstellen. Flexible Leute weichen auf andere als die angepeilten Events aus. Lassen Sie sich überraschen! *Les Halles: Di–Sa 11–19 Uhr | 10, passage de la Canopée | Tel. 01 72 63 48 49 | M 4: Les Halles | 1. Arr.* [151 D1]

mit den Schwulen des Viertels zu den Klängen der Oldieband an der idyllischen place Sainte-Catherine tanzen, während fünf Gehminuten weiter ein klassisches Symphonieorchester im Garten des Stadtpalais Hôtel Sully aufgebaut ist. Da es keine zeitliche Begrenzung gibt, fahren einige Metro- und RER-Linien die ganze Nacht. Das gesamte Programm finden Sie unter *www.fetedelamu sique.culture-communication.gouv.fr*

MOIS DE LA PHOTO

Ein Monat, in dem sich alles um das Medium Fotografie dreht! Diese Idee, die in über 30 Städten weltweit aufgegriffen wurde, kommt aus Paris! Hier gibt es den Fotomonat nämlich schon seit 1980. Nach über 35 Jahren Fotografie bei Herbstwetter findet das Event nun alle zwei Jahre im April statt. Eine weitere Neuerung: Die Veranstaltungsorte verteilen sich auf den gesamten Pariser Großraum Métropole du Grand Paris. Galerien, aber auch Museen wie der Grand Palais und die Maison Européenne de la Photographie stellen ihre Räume für Ausstellungen zur Verfügung. Neben Werken legendärer Fotografen wie Henri Cartier-Bresson oder berühmter zeitgenössischer Künstler wie der Engländer Platon oder der Japaner Daido Moriyama lässt sich hier auch eine Vielzahl von jungen, aufsteigenden Fotografen entdecken. Ein Großteil der Ausstellungen ist kostenlos. *April | www.moisdelaphotodugrandparis. com*

TAGE DER OFFENEN TÜR IN KÜNSTLERATELIERS 🐷 [147 E4]

Insider Tipp

Im östlichen Viertel Ménilmontant sind die Wohnungen noch günstiger, deshalb hat sich hier auch eine Unzahl von Künstlern angesiedelt. An vier Tagen Ende September öffnen sie ihre Ateliers, dann kann man noch wahre Schnäppchen ohne den Zwischenhandel in Galerien machen.

Doch selbst wenn Sie nichts kaufen möchten, sind diese Tage doch eine spannende Sache. Immerhin können Sie den etwa 150 Künstlern (Maler, Bildhauer und Kunsthandwerker im Bereich Schmuck, Textil, Ton und Mosaik) kostenlos bei ihrer Arbeit über die Schultern schauen. Und sich mit ihnen an den teilweise sehr pittoresken Plätzen des Viertels unterhalten. Eine Zentralstelle gibt einen Plan zur Orientierung heraus.

Eintritt frei | meist Ende September | https://ateliersdemenilmontant.org | M 2: Ménilmontant | 20. Arr.

TECHNO PARADE 🐷
Jedes Jahr im September treffen sich seit dem Jahr 1998 rund 400 000 Technofans in Paris, um kräftig abzufeiern. Der Zug der rund 20 Wagen mit 150 Musikern und DJs führt etwa 5 km durch die Straßen der Stadt. Nach der Parade wird in unzähligen Bars und Clubs weitergefeiert. *Eintritt frei | Sept., Parade 12–17 Uhr | www.technopol.net*

VILLETTE SONIQUE   [138 B5]
Ende Mai, Anfang Juni wird jedes Jahr der Parc de la Villette gerockt. Das heißt: jede Menge Indie- und Alternative-Mucke von über 40 Bands, die an verschiedenen Abenden auftreten. 🐷 Eine ganze Reihe von Konzerten am Wochenende ist gratis. Immerhin traten in der Vergangenheit Größen wie Joanna Newsom, Roy Harper, Diamanda Galas oder The Jesus Lizard bei dem Open-Air-Festival auf. *Eintritt frei oder 15–35 Euro | Ende Mai, Anfang Juni | 211, avenue Jean Jaurés | www.villettesonique.com | M 7: Porte de la Villette | 19. Arr.*

GALERIEN

PLACE DES VOSGES 🐷   [152 A–B3]
Wie Perlen an einer Schnur reihen sich Kunstgalerien unter den eleganten Arkaden der altehrwürdigen place des Vosges. Der Bummel über den sehenswerten Platz ist wie ein Gratisbesuch im Kunstmuseum. Wer sich für zeitgenössische Malerei und Skulpturen interessiert, kommt hier bei Streifzügen durch die Galerien auf seine Kosten. Die Galeristen sind für Gespräche über ihre überwiegend dekorativen Exponate offen. Beispiele sind: Galerie du Marais *(www.galerie-du-marais.com),* Galerie Modus *(www.galerie-modus.com)* und Galerie Mickael Marciano *(www.galerie-marciano.com). Tgl. 11–20 Uhr | place des Vosges | M 1: Saint-Paul | 4. Arr.*

RUE DE SEINE   [150 C2–3]
Eine solche Konzentration an Kunstgalerien gibt es sonst nirgends in Paris. Kein Wunder: An der rue de Seine befindet man sich in unmittelbarer Nähe der Kunstakademie Beaux-Arts, an der große Maler studiert haben, deren Exponate heute im Louvre hängen. Auch der Besuch dieser Kunstgalerien ist wie ein kostenloser Bummel

durch ein Kunstmuseum: Neben zeitgenössischen Malern sind internationale Größen der klassischen Moderne ausgestellt. Die enge Straße aus dem 15. Jh. trägt zur Atmosphäre bei, vorab können Sie sich im Internet informieren. Alleine in der rue de Seine sind 16 Galerien. *Mo geschl. | rue de Seine | www.artsaintgermaindespres.com | M 4, 10: Odéon | 6. Arr.*

Place des Vosges: grüne Oase für die Pause nach einem Galeriebesuch

KINO

CINÉMATHÈQUE FRANÇAISE & FILMMUSEUM [159 D3]

Ein Ort, der die Herzen von Kinofans höher schlagen lässt! Schon die Architektur des Gebäudes von Frank Gehry ist sehenswert. Im Haus befinden sich neben Kinosälen mit günstigem Eintritt (ab 6,50 Euro) auch eine Bibliothek zur Kinokunst sowie eine mit spürbarer Leidenschaft gemachte Dauerausstellung zur Geschichte des Kinos. Wechselausstellungen vervollständigen das Angebot. *Filmvorführung: 6,50 Euro, bis 18 Jahre 4 Euro; Dauerausstellung: 5 Euro, bis 18 Jahre 2,50 Euro, Wechselausstellungen 11 Euro, bis 18 Jahre 5,50 Euro | Mo, Mi–So 12–19, Wechselausstellungen Do bis 21 Uhr, Sa–So*

Insider Tipp

CLEVER!

> ### Große Leinwand für kleines Geld

Der Eiffelturm steckt die Spitze in die tief hängenden Wolken, über den Champs-Élysées weint der Himmel, und Sie haben schon alle wichtigen Museen gesehen? Der Notfall ist eingetreten, zumal, wenn Sie mit Jugendlichen unterwegs sind. Wie wär's also mit einem mittäglichen Kinobesuch? Schließlich sind Sie im Urlaub – und die Franzosen große Kinogänger. Im Land der Nouvelle Vague, von Truffaut, Godard, Chabrol, Rivette und Malle, spricht man sogar ehrfurchtsvoll von der „7ième Art", der „siebten Kunst". Entsprechend reichhaltig ist das Angebot in den Pariser Lichtspielhäusern – und in manchen Kinos am Mittag auch noch um die Hälfte billiger als am Abend. Außerdem kann man dabei sogar etwas lernen: Die Filme laufen oft in der Originalsprache und haben französische Untertitel, die beste Art, sein Schulfranzösisch aufzubessern. Eine Auswahl interessanter Kinos: *Epée de Bois: tgl. | Karten ab 5,90 Euro | 100, rue Mouffetard | www.cineepeedebois.fr | M 7: Place Monge | 5. Arr.* [157 E2]; *Grand Action: tgl. | Karten ab 6 Euro | 5, rue des Écoles | www.legrandaction.com | M 10: Cardinal-Lemoine | 5. Arr.* [151 E5]; *Filmothèque Quartier Latin: tgl. | Karten 9 Euro | 9, rue Champollion | www.lafilmotheque.fr | M 10: Cluny–La Sorbonne | 5. Arr.* [151 D4]

KULTUR & EVENTS

11–20 Uhr | Tel. 01 71 19 33 33 | 51, rue de Bercy | www.cinematheque.fr | M 6, 14: Bercy | 12. Arr.

FÊTE DU CINÉMA

Vier Tage Ende Juni, Anfang Juli findet ein Filmfestival in ganz Frankreich statt, an dem sich auch ein großer Teil der Pariser Kinos beteiligt. Der Eintritt kostet pro Film nur 4 Euro, für 3-D-Filme und besondere Veranstaltungen kann ein höherer Preis verlangt werden. Dieses Angebot wird stark genutzt, zumal die Franzosen bekannterweise eifrige Kinogänger sind. Übrigens werden die Filme meistens in ihrer Originalsprache mit französischen Untertiteln gezeigt. Welche Kinos sich an der Aktion beteiligen, wird rechtzeitig auf der Website bekannt gegeben. *Ende Juni oder Anfang Juli | www.fetedu cinema.com*

OPEN AIR KINO 🐷   [139 E2–3]

Auf den großen Rasenflächen des Parc de la Villette wird von Mitte Juli bis Mitte August eine Riesenfilmleinwand aufgestellt. Dort können Sie – am schönsten in Verbindung mit einem Picknick – donnerstags bis sonntags nach Einbruch der Dämme-

rung Gratisfilme anschauen. Gezeigt werden die Streifen im Originalton, es sind also auch viele in englischer Sprache dabei. Vor allem besteht das Programm aus einer ganzen Reihe von Blockbustern und berühmten Produktionen, von alten Klassikern bis zu aktuellen Leinwandabenteuern. *Eintritt frei | Mitte Juli–Mitte Aug. Do–So | auf der Wiese „Prairie du Triangle" | www.villette.com | M 5: Porte de Pantin | 19. Arr.*

PÉNICHE CINÉMA 🐷   [139 E2]   Insider Tipp

Ein Kino der besonderen (französischen) Art befindet sich auf einem malerischen Hausboot. Jede Woche wird ein noch wenig bekannter Film kostenlos gezeigt, meist in Anwesenheit der Regisseure. Eine Plattform für den kreativen Austausch von Cineasten mit einzigartigem Ambiente. Programm unter www.penichecinema. net. *Eintritt frei | Canal de l'Ourcq | 59, boulevard MacDonald | Tel. 09 54 73 00 95 | M 7: Porte de la Villette | 19. Arr.*

KUNST

CENTRE CRÉDAC 🐷   [0]

Kulturhaus, in dem auf 450 m² internationale zeitgenössische Künstler

Le Centquatre ist ein offenes Kulturhaus für Tanz, Musik und Kunst

wie zum Beispiel Yan Pei-Ming aus-
stellen. Crédac steht als Abkürzung
für Centre de Recherche, d'Échange
et de Diffusion pour l'Art contempo-
rain, eine Institution also, die sich für
die Erforschung, den Austausch und
die Ausbreitung zeitgenössischer
Kunst verantwortlich fühlt. Ziel der

> www.marcopolo.de/paris

ressante Welt! Im Gegensatz zu den Veranstaltungen im größeren und zentraleren Palais de Tokyo sind die Wechselausstellungen hier dafür jedenfalls gratis. *Eintritt frei | Di–Fr 14–18, Sa und So 14–19 Uhr | 1, place Pierre Gosnat | 94200 Ivry-sur-Seine | Tel. 01 49 60 25 06 | www.credac.fr | M 7: Marie-d'Ivry | ans 13. Arr. angrenzend*

LE CENTQUATRE 🐷 [138 B3]

Für viele gilt Paris als eine Stadt, die kulturell ausschließlich von ihrer Vergangenheit zehrt. Unter anderem, um diesem Image entgegenzuwirken, hat die Stadt vor einiger Zeit in den ehemaligen Hallen des städtischen Bestattungsunternehmens auf einer immensen Fläche ein Kulturhaus mit Ateliers eingerichtet. Hier können Sie nicht nur den rund 200 internationalen Malern, Musikern, Bildhauern, Designern und Tänzern bei ihrer Arbeit zuschauen, sondern sich auch mit den Ergebnissen in Form von Performances, Videoinstallationen und Konzerten auseinandersetzen – völlig kostenlos, versteht sich. Auch Cafés und Restaurants sind in den Komplex integriert, aber während Wein ab 3,80 Euro und der Café ab 1,80 Euro

Ausstellungen ist es letztlich, den Entstehungsprozess der Kunst durch Kontakt mit dem Künstler und Erklärungen nachvollziehen zu können – ein spannender Ausflug in eine inte-

preislich noch ganz fair sind, ist vom Hamburger für 15,50 Euro eher abzuraten. *Eintritt frei | Di–Fr 12–19, Sa und So 11–19 Uhr | 5, rue Curial | Tel. 01 53 35 50 00 | www.104.fr | M 7: Riquet | 19. Arr.*

Insider Tipp

URBAN ART MUSEUM 🐷 **[135 F2]**

Zugegeben Street Art und Museum hört sich erst mal schräg an. Um zusammenzubringen, was eigentlich gar nicht zusammengehört, hat der Straßenkunstsammler Nicolas Laugero Lasserre die innovative Programmierschule „42" als Ausstellungsort gewählt. Auf Reservierung bekommen Sie hier im Reich der Geeks ganz umsonst die geballte Ladung urbaner Kunst zu sehen: alles in allem 150 Werke von 50 Künstlern auf 4000 m². Im Erdgeschoss der ersten französischen Peer-to-Peer-Universität werden Sie von den großen Klassikern des Genres wie Shepard Fairey, Invader und JR empfangen. Im ersten Stock geht's mit Klassikern der französischen Straßen weiter, und der letzte Stock ist den aufsteigenden Sternen der Szene gewidmet. *Eintritt frei | Di 18.30–20.30 Uhr und 1. So des Monats 14.30–17.30 Uhr | 96, boulevard Bes-* sières | www.art42.fr | M 13: Porte de Clichy | 7. Arr.

LITERATUR

MAISON DE LA POÉSIE 🐷 **[151 E1]**

Im Haus der Poesie verstauben die Bücher nicht im Regal, hier werden sie samt ihrer Autoren auf die Bühne geholt. Live-Literaturlesungen zu erschwinglichen Preisen. Besonders zu empfehlen sind die musikalischen Lesungen. *Eintritt je nach Veranstaltung variabel 0–15 Euro | Passage Molière, 157, rue Saint-Martin | Tel. 01 44 54 53 00 | www.maisondelapoesiepa ris.com | M 11: Rambuteau | 3. Arr.*

LE SALON DU LIVRE ET DE LA PRESSE JEUNESSE

Lust wieder einmal ein Kind zu sein? Einmal im Jahr findet in der östlichen Pariser Vorstadt Montreuil die größte öffentliche Kinder- und Jugendbuchmesse Europas statt. An manchen Tagen ist der Eintritt sogar 🐷 kostenlos, aber ein Besuch ist trotzdem gefährlich für den Geldbeutel! Selbst Leute, die keine Kinder haben, verlassen die Messehallen selten ohne ein Buch unterm Arm. *Eintritt variabel 0–5 Euro | 6 Tage Nov./Dez. | 128, rue de Paris | 93100 Montreuil |*

www.slpjplus.fr/salon | M 9: Robe-
spierre | ans 20. Arr. angrenzend

MUSEEN

MUSÉE D'ART MODERNE DE
LA VILLE DE PARIS [142 C5]

In den angenehmen, luftig hellen Hallen des Museums für moderne Kunst
können Sie bei freiem Eintritt die Bilder von Delaunay, Braque, Picasso und
anderen Künstlern ähnlicher Klasse
bewundern. Raoul Dufys „La Fée
Électricité" gilt als eines der größten
Gemälde der Welt. 2018/19 werden
der Eingangsbereich, die Buchhand-
lung und das Restaurant umgebaut.
Das Museum bleibt geöffnet. Eingang
übergangsweise Quai de New-York.
*Eintritt frei für die Dauer-
ausstellung, 5–12 Euro (Wechselaus-
stellungen) | Di–So 10–18, Do bis 22
Uhr | 11, avenue du Président Wilson |
www.mam.paris.fr | M 9: Iéna | 16. Arr.*

MUSÉE DE LA VIE
ROMANTIQUE [144 C1]

In einem kleinen Palais unweit des
Montmartre-Hügels befindet sich das
renovierte Museum des romanti-
schen Lebens. Nachdem Sie einen

CLEVER!

> **Zeit und Geld sparen mit Touristenpässen?**

Sie möchten in Paris mal so richtig Kultur
tanken? Der Paris Museum Pass *(www.
parismuseumpass.com)* gilt entweder 2,
4, oder 6 Tage in über 50 Pariser Museen
und kostet 48, 62 oder 74 Euro. Noch
mehr geht mit dem Paris Passlib'
(https://reservierung.parisinfo.com): Für
109 Euro (2 Tage), 129 Euro (3 Tage)
oder 155 Euro (5 Tage) bekommen Sie
zum Paris Museum Pass die Fahrkarte Paris Visite *(S. 10)*, freien Eintritt zu den
Wechselausstellungen der städtischen
Museen, eine einstündige Fahrt mit den
Bateaux Parisiens *(www.bateauxpari
siens.com)* und einen Tag mit den Open-
Tour-Bussen *(www.paris.opentour.com)*.
Der Eiffelturm für 20 Euro mehr lohnt sich
nicht wirklich, da das Ticket unter *www.
toureiffel.paris* günstiger ist! Wer zur
Hochsaison reist und über 25 Jahre alt ist,
kann mit den Pässen Zeit und Geld sparen. Rechnen Sie sich aber vor dem Kauf
durch, wieviel Sie während Ihres Aufent-
halts überhaupt schaffen!

idyllischen Garten durchquert haben, tauchen Sie in die elegante Wohnwelt des 19. Jhs. ein: Hier hat der romantische Maler Ary Scheffer residiert, gearbeitet und berühmte Zeitgenossen wie zum Beispiel die Schriftstellerin Georges Sand und ihren Geliebten Frédéric Chopin empfangen. Neben Scheffers Bildern sind in diesem Museum vor allem Objekte der Dichterin gekonnt in Szene gesetzt. Da auf die Dauerausstellung kein Eintritt

CLEVER!

> Bekannte Museen zum kleinen Preis

Insgesamt 🐷 elf städtische Museen können Sie immer *(Mo geschl.)* kostenlos besuchen, nur die zeitlich begrenzten Sonderausstellungen kosten Eintritt. Zu den Museen zählen solche wichtigen Häuser wie das Musée d'Art Moderne de la Ville de Paris *(S. 29)*, das mit seinen mehr als 8000 Werken einen Bogen über die Kunst des 20. Jhs. schlägt. Der Petit Palais *(Fr kostenpflichtige Wechselausstellungen bis 21 Uhr | avenue Winston Churchill | www.petitpalais.pa ris.fr | M 1, 13: Champs-Élysées/Clémenceau | 8. Arr.* [143 E5]*)* wurde für die Weltausstellung 1900 gebaut und beherbergt nach umfassender Renovierung das deutlich vergrößerte Museum der schönen Künste. Auch das Maison de Victor Hugo *(6, place des Vosges | www.maisonsvictorhugo.paris.fr | M 1: Saint Paul | 4. Arr.* [152 B3]*)* oder das Museum der Geschichte von Paris *(Di-So 10–18 Uhr | 16, rue des Francs-Bourgeois | www.carnavalet.paris.fr | M 1: Saint-Paul | 3. Arr.* [152 A2]*)* gehören dazu und werden hoffentlich nach ihrer Renovierung bis 2019 nicht teurer. Eine vollständige Liste mit allen kostenlosen städtischen Museen finden Sie unter *www.parismusees.paris.fr.* 🐷 Seit ein paar Jahren sind auch alle nationalen Museen *(Di geschl.)* für EU-Bürger bis 25 Jahre gratis! Dazu zählen große Museen wie der Louvre, das Musée national Picasso, das Centre Pompidou, das Musée du Quai Branly – Jacques Chirac und das Musée d'Orsay. Aber auch die über 25-Jährigen müssen nicht immer in den sauren Apfel von um die 10 Euro Eintritt beißen: 🐷 Jeden ersten Sonntag des Monats ist der Eintritt kostenlos *(im Louvre nur von Oktober bis März).*

erhoben wird, kann man sich getrost einen Kaffee im Garten gönnen. *Eintritt frei | Di–So 10–18 Uhr | 16, rue Chaptal | Tel. 01 55 31 95 67 | www.museevieromantique.paris.fr | M 12: Pigalle | 9. Arr.*

MUSIK

CITÉ INTERNATIONAL DES ARTS 🐷 [151 F3]

Fast jeden Montag gibt es im großen Auditorium kostenlose klassische Konzerte mit renommierten internationalen Orchestern und Solisten. Einfach ohne Voranmeldung pünktlich erscheinen. Im gleichen Gebäude finden regelmäßig kostenlose Happenings und Ausstellungen statt, die auf der Webseite bekannt gegeben werden. Die Cité international ist eine seit dem Jahr 1965 existierende Stiftung zur Förderung internationaler Künstler in Frankreich. Mittlerweile wohnen und arbeiten hier über 300 Künstler aus Bildender Kunst, Musik und Literatur. Sie bleiben zwischen drei Monate und einem Jahr in Paris. *Eintritt frei | Mo abends | 18, rue de l'Hôtel de Ville | Tel. 01 42 78 71 72 | www.citedesartsparis.net | M 7: Pont Marie | 4. Arr.*

ÉGLISE SAINT-MERRY 🐷 [151 E2]

In der Apsis dieser schönen spätgotischen Kirche finden regelmäßig Kammerkonzerte statt. Die Kirche ist nur wenige Schritte vom Centre Pompidou entfernt. *Eintritt frei | Sa 20, So 16 Uhr | 76, rue de la Verrerie | Tel. 01 42 71 93 93 | www.saintmerry.org | M 1, 11: Hôtel de Ville | 4. Arr.*

KONZERTE IN NOTRE DAME 🐷 [151 E3]

Jeden Samstag um 20 Uhr gibt es in der wohl wichtigsten Kirche von Paris kostenlose Orgelkonzerte. Während Sie dem überwältigendem Klangvolumen der Orgelpfeifen lauschen, können Sie die gotische Architektur bewundern. Der Grundstein des Gebäudes wurde schon 1163 gelegt, und hier fanden seither die meisten wichtigsten Feierlichkeiten in der französischen Geschichte statt. *Eintritt frei | Sa 20 Uhr | 6, place du Parvis de Notre-Dame | www.musique-sacree-notredamedeparis.fr/audition-grand-orgue | M 4: Cité | 4. Arr.*

PARIS JAZZ FESTIVAL 🐷 [161 D3]

Im Juni und Juli finden samstags und sonntags Jazzkonzerte mit oft international renommierten Musikern im Parc Floral statt. Während

Goldener Glanz in der Opéra Garnier, dem Pariser Tempel für klassisches Ballett

der Park im Osten der Stadt mit See und Botanischem Garten sowieso ein lohnenswertes, preisgünstiges Ziel ist *(Eintritt Mai–Okt. 2,50 Euro)*, bietet er als Kulisse in den zwei Sommermonaten eine richtig entspannende Open-Air-Atmosphäre. Und die Konzerte sind zudem kostenlos! *Eintritt frei | Juni und Juli Sa und So | Route de la Pyramide |*

Insider Tipp

www.parisjazzfestival.fr | M 1: Château de Vincennes | 12. Arr.

SAINT-EUSTACHE 🐷 [151 D3]

In der Kirche Saint-Eustache aus dem 16. Jh., nahe von Les Halles, den ehemaligen Markthallen von Paris, gelegen, befindet sich eine der größten Orgeln Frankreichs. Hier finden jeden Sonntag kostenlose Orgelkon-

KULTUR & EVENTS

OPER & THEATER

OPÉRA BASTILLE [152 B4]

Passend zur Architektur und der modernen Bühnentechnik der im Jahr 1989 erbauten Opéra Bastille werden hier tendenziell eher zeitgemäße Inszenierungen aufgeführt. Stehplätze gibt es bereits für 5 Euro, wenn Sie Glück haben, können Sie später noch nicht besetzte Sitzplätze ergattern. Die günstigen Stehplätze können Sie ausschließlich am Tag der Vorführung erwerben. Stellen Sie sich vor Öffnung der Schalter in die Schlange, denn es gibt nur 32 Plätze, und die sind schnell weg! *Ab 5 Euro | Kartenverkauf Mo–Sa 11.30–18.30 Uhr | 130, rue de Lyon | www.operadeparis.fr | M 1, 5, 8: Bastille | 12. Arr.*

OPÉRA GARNIER UND COMÉDIE-FRANÇAISE

Sowohl die berühmte Opéra Garnier, in deren Keller das Phantom der Oper gehaust haben soll und die auf klassisches Ballett spezialisiert ist, als auch die legendäre Comédie-Française (traditionelle Theaterstücke), die 1680 gegründet wurde, zeugen mit viel rotem Plüsch und goldenem Stuck von der Pracht vergangener Epochen. Es ist ein besonderes Erlebnis, sich dort eine

zerte (Bach, Vivaldi, Mozart) statt, gespielt von renommierten Musikern. Sie sollten rechtzeitig kommen, um sich einen guten Platz zu sichern, denn die wöchentlichen Musikevents sind gut besucht. Das jeweilige Programm finden Sie unter *www.saint-eustache.org/musique-a-st-eustache. Eintritt frei | So 17.30–18 Uhr | 2, impasse Saint-Eustache | M 4: Châtelet – Les Halles | 1. Arr.*

32 | 33

Vorstellung anzusehen und in der Pause durch die Prunkräume zu spazieren. Zumal es Plätze in beiden Häusern schon für preiswerte 5/10 Euro gibt – wenn es Sie nicht stört, dass Sie keine ungehinderte Sicht *(visibilité faible)* auf die Bühne haben. *Opéra Garnier: ab 10 Euro | Verkauf der günstigsten Tickets wie bei der Opéra Bastille nur am Vorführungstag selbst | Mo–Sa 11.30–18.30 Uhr | place de l'Opéra | www.operadeparis.fr | M 3, 7, 8: Opéra | 9. Arr.* [144 B4]; *Comédie-Française: ab 5 Euro | Ticketverkauf eine Stunde vor Vorstellungsbeginn | tgl. 11–18 Uhr | place Colette | www.comedie-francaise.fr | M 1, 7: Palais Royal – Musée du Louvre | 1. Arr.* [150 C1]

TYPISCH PARIS

HÔTEL DE VILLE [151 D1]

Auf dem Dach des imposanten Pariser Rathauses im Zentrum der Stadt sind nicht nur über 100 Statuen von „großen Franzosen" zu sehen. Die Stadt Paris organisiert hier vor allem auch brillant aufgemachte Sonderausstellungen zu typisch französischen Persönlichkeiten wie etwa Gustave Eiffel, die sehr informativ und immer gratis sind. *Eintritt frei | Mo–Sa 10–18.30 Uhr | 5, rue de Lobau | Tel. 01 42 76 50 49 | www.quefaire.paris.fr | M 1, 11: Hôtel de Ville | 4. Arr.*

JOURNÉES EUROPÉENNES DU PATRIMOINE

Die Tage des offenen Denkmals sind immer ein Riesending in Paris. Kein Wunder, in der Hauptstadt sind ja auch alle wichtigen Institutionen des zentralistischen Frankreichs versammelt. Wenn Sie am dritten Septemberwochenende zufällig in der Stadt sind, sollten Sie sich dieses Event nicht entgehen lassen! Zahlreiche öffentliche Gebäude, die Sie unterm Jahr ansonsten nicht besichtigen können, öffnen zu diesem Anlass kostenlos ihre Türen.

Besonders zu empfehlen ist der Besuch von zwei Schaltzentralen der Macht – der französischen Nationalversammlung Assemblée Nationale (*128, rue de l'Université | 7. Arr.* [149 F1]) und des Elysée-Palasts (*avenue Gabriel | 8. Arr.* [143 E–F1]), von dem aus der französische Staatspräsident waltet. Achtung: Die Schlangen vor den Gebäuden können schon mal so lang sein, dass Sie in der Wartezeit problemlos diesen Reiseführer zu Ende lesen können.

KULTUR & EVENTS

MUSÉE DU PARFUM 🐷 [144 B3]

Hier werden Sie – bei freiem Eintritt und unter anderem auch im Rahmen von Gratisführungen – in die Herstellung von Parfum eingeweiht. Riechproben zum Erraten von Düften, historische Flakons aus verschiedenen Jahrhunderten und nostalgische Etiketten lassen Sie in die Welt dieses typisch französischen Produkts eintauchen. Das Ganze natürlich, damit Sie am Ende – gegen Bezahlung – ein Souvenir der berühmten Parfumerie Fragonard aus Grasse mit nach Hause nehmen. *Eintritt frei | Mo–Sa 9–18 Uhr | 3–5, square Louis Jouvet | musee-parfum-paris.fragonard.com | M 3, 7, 8: Opéra | 9. Arr.*

NOTRE DAME 🐷 [151 E3]

Sie gehört ganz gewiss zu den berühmtesten Kirchen der Welt: die Pariser Kathedrale Notre Dame. Jeden Freitag und Samstag wird eine kostenlose Führung in deutscher Sprache angeboten – zur Architektur, Dekoration und Geschichte! Startpunkt ist unter der großen Orgel und Beginn an beiden Tagen um 14 bzw. 14.30 Uhr. *Kostenlos | 6, place du Parvis de Notre-Dame | www.cathedraledeparis.com | M 4: Cité | 4. Arr.*

ZEITREISE DURCH PARIS 🐷 [151 D3]   Insider Tipp

Von der mittelalterlichen Stadt zur Kapitale des napoleonischen Imperiums, über die Revolution in die Belle Époque, geschüttelt von Kriegen und doch nicht zerstört, heute eine Mode-Metropole: Begeben Sie sich auf eine Entdeckungstour entlang der Seine und tauchen Sie aktiv in die Geschichte dieser Stadt ein! Erleben Sie diese Zeitreise mit einem Experten – und das völlig kostenlos.

Mehrmals täglich geht's vorbei an den Bouquinisten, den Buchverkäufern am Ufer der Seine, durch die royalen Gärten und Parks, über die großen Boulevards und pompösen Plätze. Lassen Sie sich an Orte führen, die Sie sonst weder mit Bus noch Boot entdecken würden. Die englischsprachigen Stadtführer hauchen der Geschichte von Paris wieder Leben ein und geben Ihnen einen authentischen Einblick in die Entwicklung der Metropole. Viele große Sehenswürdigkeiten werden bei der Tour direkt berücksichtigt, tolle Panoramablicke inklusive. Anmeldung übers Internet! *Kostenlos | tgl. zwischen 10 und 15 Uhr | Fontaine Saint-Michel | www.neweuropetours.eu/paris | M 4: Saint-Michel | 6. Arr.*

> Ob Action, Genuss oder Exotik: Paris bietet Ihnen jede Menge Möglichkeiten, ohne Ihr Budget zu strapazieren

Vielfalt heißt das Zauberwort unterm Eiffelturm. In Paris können Sie auf Rollerblades über die großen Boulevards flitzen *(S. 37)* oder auch nach Indien fahren, nach China oder Afrika *(S. 41f.)* – zum Preis eines Metrotickets. Die Multi-Kulti-Viertel der Stadt locken mit viel Exotik, fremdartigen Düften sowie fröhlichen Läden und Geschäften. Sie können aber auch hoch hinaus, denn nur, wer Paris von oben gesehen hat, hat das ganze Bild der prächtigen Seine-Metropole vor Augen *(S. 39f.)*. Und dabei müssen Sie nicht unbedingt die teuren Aussichtspunkte wählen, eine tolle Gratissicht über die Seine Richtung Notre Dame hat man etwa auch aus dem neunten Stock des Institut du Monde Arabe *(S. 40)*, das zudem eines der architektonischen Highlights von Paris ist. Oder von der Kuppel der Galeries Lafayette, wo Sie ganz nebenbei auch noch eins der prächtigsten Kaufhäuser der Welt erleben *(S. 39)*. Aber die Metropole reizt nicht nur die Sinne, sie bietet auch jede Menge Möglichkeiten, zur Ruhe zu kommen: etwa im Sommer an den Stränden der Paris Plages *(S. 48)*, beim Spaziergang über den berühmten Friedhof Père Lachaise *(S. 44)* oder bei einem Kaffee in der grünen Oase der Tuilerien *(S. 44)*. Lassen Sie das Pariser Lebensgefühl auf sich wirken!

MEHR ERLEBEN

ACTION & SPORT

LA GYM SUÉDOISE 🐖

Voll in: schwedische Gymnastik! Fitnesskurse für Herz, Kreislauf und Muskelaufbau bei fetziger Musik. Der Sportverein La Gym Suédoise bietet kostenlose Schnupperkurse in ganz Paris. Am tollsten sind die Open-Air-Gratiskurse im Sommer, zum Beispiel im Parc Montsouris (14. Arr.). Das Gratisangebot steht auf der Webseite unter „participer/cours gratuits". Die Teilnehmerzahl der Indoorkurse ist begrenzt, also rechtzeitig da sein, wenn Sie mitschwitzen wollen! *Kostenlos | ganzjährig | www.gymsuedoise.com*

PARI ROLLER 🐖 [155 F2]

Bis 1994 schossen sie auf ihren Touren noch illegal durch die Straßenschluchten von Paris, die Inline-Skater von Pari Roller. Dann gründeten sie einen gemeinnützigen Verein, und seitdem werden jeden Freitagabend etwa 30 km der Straßen von Paris abgesperrt. Tausende von Inline-Skatern jagen dann durch die Metropole, geschützt von der Polizei und begleitet von Ordnern. Die Teilnahme ist kostenlos, aber man muss ein geübter Skater sein: In einem Affentempo geht es über Kopfsteinpflaster, Steigungen und durch Tunnel. Der genaue Verlauf der Strecke wird jeweils am Vorabend auf der Website des Vereins bekanntgegeben, bei dem man sich übrigens auch versichern lassen kann. Bei Regen fällt der Spaß leider aus. *Kostenlos | Fr 22–1 Uhr | Treffpunkt: zwischen Bahnhof Mont-*

parnasse und Tour Montparnasse | www.pari-roller.com | M 4, 6, 12 ,13: Montparnasse Bienvenüe | 14. Arr.

ROLLER ET COQUILLAGES 🐷 [152 B3]
Wer Paris auf Inline-Skates entdecken möchte, wem aber das freitag-abendliche Pari-Roller-Spektakel zu schnell ist, kann auf den Sonntagnachmittag ausweichen. Dann geht es – im selbst für Anfänger geeigneten Tempo – mit bis zu 30 000 Gleichgesinnten 20 km weit über die Boulevards und Plätze von Paris. Im

Die Galeries Lafayette: ein Kaufhaus mit sehenswerter Architektur

Internet kann man über die Strecken-führung abstimmen, die Teilnahme ist kostenlos. Skates, Helme und Schutzkleidung verleiht Roller Nomades *(8/9 Euro/Tag | 37, boulevard Bourdon | Tel. 01 44 54 07 44). Teilnahme kostenlos | Start Place de la Bastille | So 14.30–17.30 Uhr | www. rollers-coquillages.org | M 1, 5, 8: Bastille | 11. Arr.*

TOUR DE FRANCE FINALE 🐷 [142 143]
Auch wenn Sie kein Radsportfan sind und immer gelangweilt wegschalten, wenn im Juli die Tour de France mal wieder auf allen Kanälen läuft: Die feierliche Einfahrt auf den Champs-Élysées ist ein Erlebnis, das Sie sich unbedingt geben sollten, wenn Sie am letzten Tag der Tour zufällig in Paris sind. Die Volksfeststimmung, die dann hier herrscht, kann keine Live-Übertragung rüberbringen. *Kostenlos | Juli | www.letour.fr | Die umliegenden Metrostationen sind teilweise geschlossen (www.ratp.fr) | 8. Arr.*

TOUR RANDO VÉLO 🐷 [151 E2]
Paris by bike – und by night: Jeden Freitagabend und jeden dritten Sonntag des Monats wird eine Gratis-Rallye mit dem Fahrrad *(Verleih S. 12f.)* angeboten. Ungefähr 20 km weit und 2,5 Stunden lang geht es gemeinsam mit vielen Gleichgesinnten durch die Metropole. Eine ganz besondere Sicht auf Paris, vor allem, wenn Sie sich freitags bei Dunkelheit in den Sattel schwingen. *Kostenlos | Fr 21.30 Uhr und jeden 3. So des Monats 10.30 Uhr | Treffpunkt: vor dem Rathaus Hôtel de Ville | www. parisrandovelo.com | M 1, 11: Hôtel de Ville | 4. Arr.*

AUSSICHT

Neben den teuren Pariser Aussichtsplätzen wie Tour Montparnasse, Eiffelturm, Triumphbogen oder Notre Dame gibt es noch einige weitere atemberaubende Perspektiven – und zwar ganz umsonst.

GALERIES LAFAYETTE 🐷 [144 B3]
Wenn Sie in diesem Traditionskaufhaus, einem der ältesten in Frankreich, mit seiner prachtvollen Belle-Époque-Kuppel bis zur sechsten Etage fahren und danach noch ein paar Treppen hinaufsteigen, haben Sie einen wunderbaren Ausblick auf die gegenüberliegende Opéra Garnier, auf Sacré-Cœur, den Eiffelturm und das ganze Stadtzentrum – völlig gra-

tis. Und wenn Sie doch ein wenig in Komfort investieren wollen: Gönnen Sie sich ein Gläschen in der (Ice) Cube Bar! Im Sommer unter freiem Himmel, im Winter in transparenten Iglus mit fantastischer Aussicht. *Mo-Sa 11–19.15, So 12–17.45 Uhr | 40, boulevard Haussmann | M 7, 9: Chaussée d'Antin | 9. Arr.*

INSTITUT DU MONDE ARABE  [151 F4]

Begeistert wird man schon von der Architektur des Gebäudes, in dem das Institut untergebracht ist, das Frankreichs Beziehungen zur arabischen Welt fördern soll. Mit dem Einsatz Tausender mechanischer Blenden, die sich an der Südfassade bei zunehmendem Sonnenlicht wie die Iris eines Auges schließen, ist dem Architekten Jean Nouvel ein preisgekrönter Entwurf gelungen: die Verbindung von arabischer Kultur und High-Tech-Architektur.

Außen hui und innen auch: Hinter der raffinierten Fassade verbirgt sich unter anderem ein Museum mit Schätzen der arabisch-muslimischen Kultur. Mit dem Fahrstuhl können Sie, ohne ein Ticket zu lösen, bis in die neunte Etage fahren. Von der Dachter-rasse aus haben Sie dann einen phänomenalen Blick auf die Seine-Inseln mit Notre Dame und die ganze dahinter liegende Skyline von Paris. *Eintritt frei | Di–So 10–18 Uhr | 1, rue des Fossés Saint-Bernard | Tel. 01 40 51 38 38 | www.imarabe.org | M 10: Cardinal Lemoine | 5. Arr.*

SACRÉ-CŒUR [137 D4]

Weniger aufgrund ihrer architektonischen Qualität als wegen der außergewöhnlichen Lage ist die über der Stadt thronende, blendend weiße Kirche ein touristischer Anziehungspunkt. Nachdem Sie die zahlreichen Treppen überwunden haben, die Sie auf den Hügel von Montmartre führen, liegt Ihnen von der höchsten Erhebung der Stadt ganz Paris zu Füßen. ==Am besten steigen Sie rechtzeitig zum Sonnenuntergang hoch,== **Insider Tip** wenn die Lichter der Stadt zu funkeln beginnen und dann, zur vollen Stunde, der Eiffelturm im kristallin leuchtenden Glitzergewand erscheint. Als kostenloses Abendprogramm bekommen Sie an der Treppe vielfältige Straßenmusik geboten. *35, rue du Chevalier de la Barre | www.sacre-coeur-montmartre.com/allemand/ | M 2: Anvers | 18. Arr.*

MULTI-KULTI

CHINATOWN [157 F4]

Günstiger kommen Sie nicht mehr nach China! In Paris leben europaweit die meisten Chinesen, und von den drei verschiedenen Chinatowns ist die um die place d'Italie die größte. Unzählige Restaurants und Garküchen machen sich hier Konkurrenz, was sich prompt im Preisniveau niederschlägt *(Essen im Restaurant 15 Euro, an der Garküche 8 Euro).* Außerdem finden Sie hier natürlich auch jede Menge asiatischen Nippes aller Art.

Am quirligsten ist das Viertel am Samstag, wenn viele zum größten chinesischen Supermarkt in Paris, den Tang Frères *(48, avenue d'Ivry | www.tang-freres.fr),* eilen. Schließen Sie die Augen und beamen Sie sich nach Asien. Gerüche und Stimmungen sorgen dafür, dass Sie sich im Handumdrehen nicht mehr in Frankreich befinden. In direkter Nachbarschaft des Supermarktes der Gebrüder Tang liegt übrigens noch ein zweites chinesisches Riesenkaufhaus: Auch bei Paris Store *(44, avenue d'Ivry | www.paris-store.com)* finden Sie jede Menge ausgefallene Produkte aus dem Reich der Mitte. Besonders aufregend wird's zum Chinesischen Neujahr, dann findet ein Umzug statt, und riesige bunte Drachen tanzen durch die Straßen *(S. 47). Im Bereich von place d'Italie, avenue d'Ivry und avenue de Choisy | www.chine.in | M 5, 6, 7: place d'Italie | 13. Arr.*

GOUTTE D'OR (LITTLE AFRICA) [137 E4]

Nur eine Viertelstunde mit der Metro von Notre Dame entfernt, und Sie wähnen sich auf einem anderen Kontinent! In der Gegend um die Metrostation Château Rouge lebt hauptsächlich die schwarze Bevölkerung von Paris. Dementsprechend bieten die Lokale und Läden bunte Stoffe, Maniok, Kochbananen, getrockneten Fisch, schwarze Haarteile, magische Pülverchen und Gewürze, afrikanische Musik – klasse auch für alle, die exotische Schnäppchen und Mitbringsel lieben. Und für alle, die günstig und gut afrikanisch essen möchten: Hier gibt's feinste kulinarische Köstlichkeiten vom Schwarzen Kontinent wie leckeres *thieboudienne,* eine große Portion roter Reis mit Fisch ab 5 Euro bei Speed Africa *(20, rue Léon)* oder Best Africa *(58, rue Doudeauville).* Sehr lebhaft geht

es in der rue de Poissonnière, der rue de Poulet und der rue Dejean zu, in der auch einer der buntesten afrikanischen Märkte stattfindet *(tgl., So nur vormittags und Mo teilweise geschl.). In der Gegend zwischen den beiden Metrostationen M 2, 4: Barbès-Rochechouart und M 4: Château Rouge | 18. Arr.*

Insider Tipp

PASSAGE BRADY (LITTLE INDIA) [145 F3]

216 m ist sie lang, die Passage Brady, und teilweise mit einem Glasdach bedeckt. Darunter beherbergt sie, mitten im Viertel Gare de l'Est, den indischen Subkontinent im Kleinformat. Es sind die Gerüche, die einem das Wasser im Munde zusammenlaufen lassen und Besucher in die enge Passage ziehen. Die vielen indischen und pakistanischen Restaurants dort machen sich starke Konkurrenz, und orientalisch gekleidete Männer versuchen, Gäste zu einem leckeren Curry mit Gemüse und Fleisch ab 8,50 Euro zu überreden. Wer keinen Hunger hat, begibt sich auf Schnäppchenjagd in die bunten Läden mit parfümiertem Reis, günstigen Gewürzen und Tee, duftenden Essenzen, Kleidung aus Tausendundeiner Nacht und billigen DVDs mit Bolly-

woodproduktionen. Sie haben noch immer nicht genug? Setzen Sie Ihre Indientour einfach in der nahegelegenen Gegend um die Metro La Chapelle fort. *Zugänge 46, rue Faubourg-Saint-Denis, 22 und 33 boulevard de Strasbourg, 43, rue du Faubourg Saint-Martin | M 4: Château d'Eau | 10. Arr.*

STADTNATUR

PARC DE BAGATELLE [0]

Der elegante Botanische Garten liegt am westlichen Rand der Stadt im Bois de Boulogne, einem der größten Stadtparks der Welt, in der Nähe des ebenso eleganten Viertels Neuilly-sur-Seine. Wenn Sie den Garten an einem warmen Sommertag im Juni besuchen, werden Sie umhüllt von einer Wolke betörenden Dufts: Es ist die Zeit der internationalen Rosenschau, bei der mehr als 10 000 Rosenstöcke von mehr als 1200 Arten um die Wette blühen. Und selbst wenn sich der Park gerade einmal nicht in bunter Farbenpracht zeigt, so ist es auf jeden Fall ein einmaliges Erlebnis, durch die weitläufige Anlage mit Seerosenteichen, Wasserfällen, Grotten, Pfauen und Pavillons zu streifen. Besonders schön sind hier auch die unregelmäßig

Bild: Diesseits von Afrika – Zutaten für exotische Rezepte in der rue de Poissonnière

stattfindenden Skulpturenausstellungen und klassischen Konzerte, die auch nicht die Welt kosten. Beim Chopin-Festival in der Orangerie von Mitte Juni bis Mitte Juli gibt es Karten ab 17 Euro *(www.frederic-chopin. com). Eintritt Sommer 2,50 Euro, Winter frei | 9.30–20, Winter 9.30–17/18.30 Uhr | http://equipement.paris.fr/parc-de-bagatelle-1808 | M 1: Pont de Neuilly | 16. Arr.*

JARDIN DU LUXEMBOURG 🐷 [150–151 B-D4–5]

Über 400 Jahre ist dieser 26 ha große Park im Herzen der Stadt alt: Er wurde Anfang des 17. Jh. im Auftrag von Maria de Medici gestaltet. Heute ist er ein beliebtes Ziel für Jogger, Familien und die Studenten der benachbarten Hochschule, die hier ihre Freistunden verbringen. *Eintritt frei | tgl. Sommer 7.30–21.30, Winter 8.15–16.30 Uhr, mit zeitlichen Abstufungen je nach Jahreszeit | www.senat.fr/visite/jardin | M 4, 10: Odéon | 6. Arr.*

LE MUR DES JE T'AIME 🦞 [136 C5]

Wenn Paris die Stadt der Liebe ist, dann steht der kleine Park Square Jehan Rictus für die Konzentration des Gefühls: In mehr als 300 Sprachen hat der Künstler Frédéric Baron auf einer Tafel die berühmten drei Worte verewigt. „Je t'aime", „Ich liebe dich". *Eintritt frei | place des Abbesses | www.lesjetaime.com | M 12: Abbesses | 18. Arr.*

MAILLOL-FIGUREN IN DEN TUILERIEN 🐷 [151 D1]

Am Anfang der Tuilerien beim Louvre, nicht weit vom kleinen Triumphbogen (Caroussell du Louvre), erheben sich in fast surrealer Art zwischen akkurat geschnittenen Hecken 20 zeitlose Frauenskulpturen des Bildhauers Aristide Maillol – eine beeindruckende Idylle mitten in der Großstadt. Falls Sie gut Französisch sprechen, schließen Sie sich einer ==kostenlosen Führung== durch die älteste Parkanlage von Paris an *(Sa und So 15.30 Uhr).* Die Gruppe trifft sich in den Monaten April bis Oktober unter dem kleinen Triumphbogen. *Eintritt frei | April–Mai tgl. 7–21, Juni–Aug. 7–23, Sept.–März 7.30–19.30 Uhr | rue de Rivoli | M 1: Tuileries | 1. Arr.*

Insider Tip

PÈRE LACHAISE 🦞 [153 E-F1–2]

„Umsonst ist nur der Tod", heißt es – und die Besichtigung eines Friedhofs natürlich. Neben dem Wiener Zentralfriedhof ist der Père Lachaise die wohl meistbesuchte letzte Ruhestätte der Welt. Nach dem berühmten Beichtvater von Ludwig XIV. benannt, fasziniert der Friedhof nicht nur durch seine stimmungsvollen Grabmonumente und seine ganz besondere Atmosphäre. Vor allem die hohe Konzentration von Gräbern großer Persönlichkeiten fasziniert. Ihre Namen stehen auf den Grabsteinen, darunter Marcel Proust, Maria Callas, Colette, Frédéric Chopin, Molière, Edith Piaf, Amedeo Modigliani, Oscar Wilde und viele andere.

Eines der berühmtesten Gräber ist wahrscheinlich das von Jim Morrison, Sänger der Doors, dessen letzte Ruhestätte seit seinem Tod 1971 zu einem Pilgerziel unzähliger Fans wurde. Lagepläne für den Friedhof sind an den Eingängen Porte des Amandiers und Porte Gambetta gratis erhältlich. *Eintritt frei | Nov.–Mitte März Mo–Fr 8–17.30, Sa 8.30–17.30, So 9–17.30 Uhr, Mitte März–Okt. Mo–Fr 8–18, Sa 8.30–18, So 9–18 Uhr | 16, rue du Repos | www.pere-lachaise.com | M 2, 3: Père Lachaise | 20. Arr.*

SKULPTURENGARTEN DES RODIN-MUSEUMS [149 E–F3]

Insider Tipp

Bei schönem Wetter bietet sich ein Spaziergang durch den Skulpturengarten des Stadtpalais Hôtel Biron an, in dem das Musée Rodin untergebracht ist. Es geht vorbei an den eindrucksvoll-dramatischen Skulpturen des großen französischen Bildhauers, darunter auch das berühmte Werk „Der Denker". Sie können sich unter den Bäumen des Selbstbedienungscafés niederlassen *(Imbiss ab 5,20 Euro)* oder auf einer der vielen schattigen Bänke zwischen den berühmten Statuen – dann kostet Sie der kulturelle Ausflug nicht viel. *Eintritt für den Garten 4 Euro (Musée Rodin 10 Euro) | Di–So 10–17.45 Uhr | 77, rue Varenne | www.musee-rodin.fr | M 13: Varenne | 7. Arr.*

STADTTOUREN

DISCOVER – PARIS ENTDECKEN

Erobern Sie Paris zu Fuß unter der Führung eines kompetenten, meist offiziell geprüften Stadtführers, was allemal billiger ist als ein im Hotel oder vom heimischen Reisebüro gebuchtes Package. Die Führungen dauern meist 1,5 Stunden und kosten rund 12 Euro. Einzige Ein-

schränkung: Sie sollten Französisch sprechen – oder die Tour als Sprachtraining ansehen. Aufgelistet werden die Führungen oder Stadtspaziergänge (auch ungewöhnliche wie etwa auf den Friedhof Père Lachaise) in dem wöchentlich erscheinenden Veranstaltungsmagazin „l'Officiel des Spectacles" *(www. offi.fr)* unter „Visites Guidées". Dort werden auch Treffpunkt, Tag und die Uhrzeit angegeben, zu der man sich ohne Voranmeldung trifft. Gezahlt wird vor Ort. Gratis geht's auch: Kostenlose Touren auf Englisch bietet Discover Walks Paris an. Die Stadtführer freuen sich allerdings über ein Trinkgeld. *Tgl. | www. discoverwalks.com/tour/type/free-tours/?town=paris-walking-tours*

EINEN TAG PARISER

Ebenfalls kostenlos sind die Führungen des Vereins „Parisien d'un jour" („Einen Tag Pariser"), der den Kontakt zu Einheimischen herstellt, die Lust haben, Besucher durch ihr Viertel zu führen. Stichwort: Mitmachtourismus! 400 Pariser warten darauf, Ihnen ihre Stadt zu zeigen, ei-

MEHR ERLEBEN

nige sogar auf Deutsch. Die Führungen finden in kleinen Gruppen (nicht mehr als sechs Teilnehmer) statt. So erfahren Sie alles über das Leben in Paris, was Sie schon immer wissen wollten, aber nicht zu fragen wagten. *Nach Vereinbarung | www.greeters.paris*

STAUNEN

CHINESISCHES
NEUJAHRSFEST 🐷 [157 F4]
Wenn für die Chinesen das neue Jahr anbricht, dann gehen sie auf die Straße – auch in Paris. Zahlreiche Veranstaltungen begleiten den wichtigsten chinesischen Feiertag, Höhepunkt ist der Neujahrsumzug in traditionellen Kostümen, begleitet von Böllern und den bunten, beeindruckenden Drachen, die über die Straßen im 13. Arrondissement tanzen. *Jan./Feb. | im Bereich place d'Italie, avenue d'Ivry, avenue de Choisy | www.chine-informations. com | M 5, 6, 7: place d'Italie | 13. Arr.*

NATIONALFEIERTAG 🐷
Einmal muss man ihn erlebt haben, um Frankreich wirklich zu kennen: den Nationalfeiertag am 14. Juli, an dem das Nationalgefühl mit freudigem Stolz gefeiert wird. Alles beginnt am Vormittag mit den Militäraufmärschen auf den Champs-Élysées, wo der Präsident mit Böllerschüssen begrüßt wird, und endet mit einer großen Flugshow. Den grandiosen Schlusspunkt bilden dann am Abend die Feuerwerke, die in Paris und in den umliegenden Städten gezündet werden. Das eindrucksvollste ist sicherlich das am Trocadéro. Um den perfekten Blick zu haben, lassen Sie sich am besten am Fuß des Eiffelturms auf den langgezogenen Rasenflächen des Champ-de-Mars nieder – mit den vielen anderen Touristen, die zusammen mit den Parisern feiern.

Gefeiert wird am 13. und 14. Juli auch bei den Feuerwehrbällen. Dann öffnen viele der Pariser Feuerwehrkasernen ihre Pforten und laden zu den *bals des pompiers.* Musikalisch ist das Repertoire weit gespannt, zwischen traditionellen *musettes* und Elektro. Die wenigsten dieser Tanzveranstaltungen sind kostenpflichtig, meist werden aber Spendenbehälter aufgestellt. Wer möchte, feiert mit den Parisern bis tief in die Nacht.

Insider Tipp

WEINFEST AUF MONTMARTRE 🐷 [137 D4]

In Paris gibt es tatsächlich noch einen Weinberg! Die Bewohner des Stadtteils Montmartre sind stolz auf ihre Reben und feiern daher im Oktober vier Tage lang ihr Fest zur Weinernte *(vendanges)*. Der Weinberg ist immerhin 1556 m² groß, die Ernte ergibt meist ungefähr 500 l Clos de Montmartre, der allerdings mit der üblichen Qualität französischer Weine nicht mithalten kann: Er schmeckt eher säuerlich. Begleitet wird das Erntefest von zahlreichen folkloristischen Veranstaltungen, Konzerten und Ausstellungen, viele davon kostenlos. Eine tolle Gelegenheit, französisches Lebensgefühl mitzuerleben! *5 Tage im Okt. | Straßen um die place du Tertre | www. fetedesvendangesdemontmartre. com | M 12: Abbesses | 18. Arr.*

STYLING

HAARE SCHNEIDEN [145 D2]

An der Friseurschule ISEC können Sie sich von einem engagierten Team von Friseuren in Ausbildung verschönern lassen. Für einen flotten Schnitt mit Waschen, Schneiden und Fönen zahlen Frauen 11 Euro und Männer nur 6 Euro. Sie können ohne Termin um 9.30 Uhr bzw 13.30 Uhr vorbeikommen. *Sept.–Juni Di–Fr 9.30 und 13.30 Uhr | 28, rue de Trévise | Tel. 01 47 70 84 82 | www.ecole-isec.com | M 7: Cadet | 9. Arr.*

SCHMINKEN IM ATELIER INTERNATIONAL DE MAQUILLAGE 🐷 [146 E4]

Planen Sie einen ganz großen Auftritt im Pariser Nachtleben? In diesem Schminkatelier können Sie ausprobieren, was in Ihrem Typ steckt. Eine bis drei Stunden brauchen die Kosmetiker- und Bühnenbildnerlehrlinge, um raffinierte Schminktricks anzuwenden. Das große Theater-Make-up können Sie mit nach Hause nehmen, in Form eines Gratisfotos Ihrer ganz persönlichen Gesichtskunst. Einfach auf der Webseite unter „assister à un cours" online einschreiben. *Kostenlos | Nach Vereinbarung 10–12 oder 13–18 Uhr | 13, rue de la Pierre Levée | Tel. 01 48 05 16 40 | www.ateliermaquillage.com | M 3, 5, 8, 9, 11: Republique | 11. Arr.*

WELLNESS & ENTSPANNEN

PARIS PLAGES 🐷

Liegestühle, Palmen und Beach-Volleyball: Teile von Paris geben sich entlang der Seine fünf Wochen lang während der Sommerferien im Juli und August den Anstrich eines Ferienparadieses, kostenlos versteht sich. Selbst wenn man nicht in der Seine baden kann, so bieten doch Wasserzerstäuber zwischen den Strandcafés, jede Menge Liegestühle sowie Livemusik und unzählige Bouleplätze genügend Sommerspaß. Weil der Citybeach so großen Zulauf hat, wurde das Event weiter ausgebaut und von den Seineufern im Zentrum auf die Uferpromenaden des Bassin de la Villette im Nordosten von Paris ausgeweitet. Hier können Sie kostenlos schwimmen oder in einem Tretboot über den Kanal flitzen. Doch mit dem Sonnenbaden und Wasserspaß am Stadtstrand noch nicht genug: Jedes Jahr findet auch eine Reihe von Gratiskonzerten statt, zum Teil mit so namhaften Künstlern wie Benjamin Biolay, Sting, Asaf Avidan, Shaggy oder Alan Stivell.

Erreichbar ist Paris Plages nicht nur mit den üblichen Metrolinien, es werden auch Pendelschiffe eingesetzt. Sie bedienen das Bassin und den Parc de la Villette, Pantin, Bobigny, Noisy-le-Sec/Bondy und Aulnay-sous-Bois und kosten 1 Euro (Sa) und 2 Euro (So), Kinder unter 10 Jahren können gratis mitfahren. *Eintritt frei | Juli, Aug. tgl. 9–24 Uhr | voie Georges Pompidou am rechten Ufer der Seine | M 7: Pont Neuf | 1. u. 4. Arr.* [150/151]*; Bassin de la Villette | M 2, 5, 7: Jaurès | 19. Arr.* [138 B-C4-5]

QIGONG IM PARC DES BUTTES-CHAUMONT 🐷 [147 D-E 1]

Insider Tipp

Allmorgendlich tanken Dutzende Pariser Lebensenergie mit geübten chinesischen Qigong-Meistern im Parc des Buttes-Chaumont im Osten der Stadt. Kostenlos, bei jedem Wetter, an 365 Tagen im Jahr. Wenn Sie ein Frühaufsteher sind, gibt es keine bessere Art, in den Tag zu starten. Nach einer Stunde der ruhigen Bewegungsabfolgen kann Ihnen die Hektik der Großstadt nichts mehr anhaben – tschakka! Mit seinen Hügeln, Brücken, Pavillons und Wasserfällen ist der nur 15 Metrominuten vom Stadtzentrum entfernte Park einer der größten und ganz bestimmt der originellste der Stadt. *Tgl. 9–10 Uhr | avenue de la Cascade schräg gegenüber vom Ausflugslokal Rosa Bonheur | 7 bis: Botzaris | 19. Arr.*

> Ein Essen für 0 Euro? Auch das gibt es im bunten kulinarischen Kosmos an der Seine

Die Franzosen sparen lieber am neuen Auto oder an der Urlaubsreise, bevor sie sich beim Essen einschränken. Deshalb sind Restaurants mindestens 25 Prozent teurer als in vielen Nachbarländern. Keine guten Zeiten für preisbewusste Genießer, könnte man meinen, zumal selbst Pariser Sandwich- und Snacklokale kräftig zulangen. Trotzdem kann man auch an der Seine genüsslich schwelgen, ohne den Dispokredit anzuknabbern: In charmanten, altfranzösischen Bistros werden ganze Menüs für 13 Euro serviert. Darüber hinaus findet man günstige Crêperien *(S. 57)* und kleine Bars, an deren Theke der Kaffee noch 1 Euro und ein paar Zerquetschte kostet – und nicht, wie ein Espresso an den Champs-Élysées, um die 5 Euro!

Tendenziell meist günstiger als die französische Küche ist die internationale – und schön exotisch noch dazu. Eine ganze Reihe von Restaurants bietet sogar das nordafrikanische Nationalgericht *couscous* gratis zum Getränk an *(S. 64)*! In den Sterneküchen wollen sich viele Köche nicht mehr den Zwängen der Haute-Cuisine beugen. Die Delikatessen bleiben aber teuer. Es sei denn, Sie besuchen die Restaurants mittags statt abends. Oder folgen den (Adress-)Tipps in diesem Kapitel.

ESSEN & TRINKEN

CAFÉS

ANTICAFÉ [144 C5]

Alles ist kostenlos in diesem modernen Café direkt neben dem Louvre, denn Sie zahlen nur die Zeit, die Sie dort verbringen. Kaffee, Cappucino, Tee, Limo, Gebäck und Obst stehen Ihnen unbegrenzt zur Verfügung. Die erste Stunde kostet pauschal 4 Euro, Folgestunden je 3 Euro. Die gemütlichen Sessel und Sofas neben der sonst schlichten Einrichtung laden zum Verweilen ein. *Tgl. | 10, rue de Richelieu | Tel. 01 40 20 95 44 | www.anticafe.eu | M 1, 7: Palais Royal, Musée du Louvre | 1. Arr.*

L'ATMOSPHÈRE [146 A3]

Die Umgebung des canal Saint-Martin gilt schon längere Zeit als *bran-ché*, also als in. Zu den angesagten Adressen gehört auch das Café L'Atmosphère, das nur wenige Schritte neben einer Kanalschleuse und dem Hôtel du Nord liegt. In der legendären Herberge drehte Regisseur Marcel Carné („Kinder des Olymp") das gleichnamige Drama, das das Hôtel du Nord berühmt machte – eine spannende Momentaufnahme aus dem Paris der späten 1930er-Jahre.

Zumindest was die Preise betrifft, scheinen diese Zeiten auch noch im L'Atmosphère zu herrschen: Ein Kaffee kostet 2,10 Euro (an der Theke nur 1 Euro), zwischen 16 und 20 Uhr kostet Sie der halbe Liter Bier hier nur 5 Euro. Auch die Küche mit mediterranem Einschlag *(Mo–Fr Tagesgericht + Kaffee ab 13 Euro)* ist nicht zu verachten, weder geschmacklich noch preislich. *Tgl. | 49, rue Lucien-Sampaix | Tel. 01 40 38 09 21 | M 4, 5, 7: Gare de l'Est | 10. Arr.*

CAFÉ DE L'INDUSTRIE [152 B3]
Das Studentencafé ist wegen seiner relaxten Atmosphäre zu einer Institution im Ausgehviertel Bastille geworden. Unter der Woche bekommen Sie hier mittags ein dreigängiges Menü für gerade einmal 13 Euro. Abends ist das Essen zwar etwas teurer, bietet dafür aber die beste Grundlage, um anschließend durch die Bars und Clubs zu ziehen. *Tgl. | 16, rue Saint-Sabin | Tel. 01 47 00 13 53 | www.cafedelindustrieparis.fr | M 1, 5, 8: Bastille | 11. Arr.*

COQUELICOT [136 C5]
Das klassische französische Frühstück – große Schale Milchkaffee oder heiße Schokolade und eine frisch gebackene *brioche* (Hefegebäck) mit Butter und Marmelade – kostet hier nur 4,95 Euro. So lässt sich der Tag in dieser traditionsreichen Bäckerei mit Sonnenterrasse zur belebten rue Abbesses gut beginnen. Es kann allerdings passieren, dass Sie sich von der „Mohnblume" *(coquelicot)* zu einer weiteren süßen

Versuchung hinreißen lassen. *Mo geschl. | 24, rue des Abbesses | Tel. 01 46 06 18 77 | www.coquelicot-montmartre.com | M 12: Abbesses | 18. Arr.*

LUX-BAR [136 B/C5]
An der Theke der kleinen Eckkneipe, trinken Leute aus dem Viertel und Handwerker in Arbeitskleidung ihren Café für 1,20 Euro (!). Achtung, wenn Sie sich hinsetzen wollen, verdoppelt sich der Preis! Auf den schmucken alten Kacheln mit Montmartre-Motiv an der Wand wird das Bohnengetränk tatsächlich noch für 10 Centimes angepriesen. Wer dem bunten Treiben auf der rue Lepic zuschauen mag, kann sich auch im Winter unter Heizstrahlern auf dem Gehsteig setzen – von 8.30 bis 10.30 Uhr bekommen Sie den Kaffee hier für 1,50 Euro serviert. *Mo geschl. | 12, rue Lepic | Tel. 09 67 17 84 96 | www.facebook.com/LuxBarParis | M 2: Blanche | 18. Arr.*

FRANZÖSISCHE RESTAURANTS

AU PIED DE FOUET [150 B3]
Mitten im Touristenviertel von Saint-Germain-des-Prés kann's ziemlich

ESSEN & TRINKEN

Wenn das Tagwerk getan ist, treffen sich die Handwerker des Viertels in der Lux-Bar

schnell ziemlich teuer werden. Nicht so bei Au Pied de Fouet, einer der drei Filialen einer Bistrokette. Die Einrichtung ist bewusst altfranzösisch gewählt und zeigt auf eine sehr traditionelle Weise liebevollen Retro-chic. Die Tagesgerichte sind mit Kreide auf eine schwarze Schiefertafel geschrieben, Hauptgänge bekommen Sie bereits für 9 Euro. Die Desserts wie *tarte tatin* (umgedrehter Apfelkuchen) oder *fondant au choco-*

lat (ein kleiner, zartschmelzender Schokoladenkuchen) sind hausgemacht und übersteigen kaum die 3-Euro-Grenze! 🐷 Manchmal gibt's übrigens für diejenigen, die in der Schlange auf einen Tisch warten müssen, einen Gratis-Kir. *So geschl. | 3, rue Saint-Benoit | Tel. 01 42 96 59 10 | M 4: Saint-Germain-des-Prés | 6. Arr.*

BISTROT RICHELIEU   [144 C5]

Die Gegend um den Louvre gilt nicht nur als sehr teuer, sie ist es auch.

CLEVER!

> *Gratis: Wasser*

Machen Sie es wie die Franzosen: Selbst in gehobenen Kreisen wird zum Essen *eau en carafe*, also eine Karaffe Leitungswasser, bestellt. So sparen Sie bei diesem Gratisgetränk nicht nur Kalorien, sondern auch Geld. In fast allen Lokalen steht auf fast jedem Tisch eine solche Karaffe. Markenmineralwasser kann indessen teurer sein als der Wein. 🐷 Gratis gibt's

Insider Tipp Sprudel an acht öffentlichen Trinkbrunnen *(fontaine pétillante): www.eaude paris.fr/carte-des-fontaines*

Wenn Sie nach dem Besuch des weltberühmten Museums hungrig sind, steuern Sie bloß nicht auf das erstbeste Restaurant zu – hier kann ein Hamburger leicht über 15 Euro kosten! Fünf Minuten vom Museum entfernt, erkennbar an den rotweißen Tischdecken auf der Terrasse, können Sie sich dagegen mit traditionellen französischen Speisen wie Zwiebelsuppe oder *crème caramel* zu fairen Preisen ordentlich stärken. Das dreigängige Mittagsmenü kostet ab 16 Euro, für den großen Salat zahlen Sie 14 Euro. *So geschl. | 45, rue de Richelieu | Tel. 01 42 60 19 16 | www.bistrotrichelieu.com | M 1, 7: Palais Royal | 1. Arr.*

CHARTIER   [145 D3]

Ein typischer Speisesaal des 19. Jhs., dessen Inventar mit Chrom- und Kupferverzierungen belassen wurde und der deshalb fast schon zum Denkmal avanciert ist. Die Preise sind trotz des Ansturms – wie in den guten, alten Zeiten – niedrig geblieben. So gibt es etwa als Vorspeise Garnelen für 3,80 Euro, der Tomatensalat kostet 1,90 Euro. Verschiedene, typisch traditionelle Hauptspeisen erhalten Sie für um die 10 Euro, und als Dessert gibt's dann zum Beispiel in Rotwein eingelegte Pflaumen mit Vanilleeis für gerade mal 3,90 Euro. Gemütlich ist allerdings anders: Stellen Sie sich auf Lärm und Betrieb ein, bei 326 Plätzen und 1200 servierten Gedecken pro Tag! *Tgl. | 7, rue du Faubourg-Montmartre | Tel. 01 47 70 86 29 | www. bouillon-chartier.com | M 8, 9: Grands-Boulevards | 9. Arr.*

CHEZ GLADINES [151 E4]

Mit den rot-weiß-karierten Tischdecken würde das Bistro auch in Frankreichs Südwesten passen. Die opulenten frischen Salate *(ab 7,20 Euro)* und schweren baskischen Spezialitäten *(9–13 Euro)* wie zum Beispiel *poulet basquaise* locken nicht nur die Studenten in dieses Lokal am beliebten boulevard Saint-Germain. *Tgl. | 44, boulevard Saint-Germain | Tel. 01 46 33 93 88 | gladines-restaurant-paris.fr | M 10: Maubert-Mutualité | 5. Arr.*

FOYER DE LA MADELEINE [144 A4]

In der Krypta der bekannten Madeleine-Kirche verbirgt sich ein Restaurant, das als gemeinnütziger Verein geführt wird. Hier mischen sich mittags Bewohner des Viertels und Geschäftsleute aus der Nachbarschaft. Mit ihnen können Sie im einfachen, aber urigen Ambiente der langen Gewölbegänge ein dreigängiges Mittagessen für 16 bzw. 9 Euro (nach Erwerb einer Jahreskarte für 7 Euro) verdrücken. Serviert werden die freundlich kalkulierten Köstlichkeiten in christlicher Nächstenliebe von ehrenamtlichen Helfern. *Mo–Fr 11.45–14 Uhr, Aug. geschl. | place de la Madeleine (gegenüber Blumenmarkt) | Tel. 01 47 42 39 84 | www. foyerdelamadeleine.fr | M 8, 12, 14: Madeleine | 8. Arr.*

LA FRESQUE [151 E1]

Das sympathische kleine Restaurant liegt direkt neben Les Halles, den ehemaligen Markthallen (*S. 123*). Zur Mittagszeit geht's hier rund: Zwischen den Geschäftsleuten der Nachbarschaft ist kaum ein Platz zu bekommen, und das flinke Personal aus Südfrankreich sorgt dafür, dass immer gute und teilweise etwas laute Stimmung herrscht. Selbst im Winter ist die Terrasse gut besetzt. Kein Wunder, bei authentischer, südfranzösisch geprägter Küche für 16 Euro für Vor- und Haupt- bzw. Haupt- und Nachspeise. Sensationell: Der Wein dazu kostet 1,50 Euro! Preise gelten

nur mittags. Abends zahlen Sie etwas mehr. *So geschl. | 100, rue Rambuteau | Tel. 01 42 33 17 56 | www.la fresqueparis.com | M 4: Les Halles | 1. Arr.*

LE MARCHÉ [152 A3]
Einen ruhigen Platz mit schattigen Bäumen und einer Handvoll Bistros wie in einer südfranzösischen Kleinstadt – auch das gibt es in Paris, direkt neben der äußerst belebten rue Rivoli. An den rot-weiß-kariert gedeckten Tischen auf der Terrasse des Le Marché bekommen Sie mittags für 15,50 Euro und abends für 20,50 Euro ein zweigängiges Menü echter Traditionsküche. Das Menü auf der schwarzen Tafel, das viel günstiger als à la carte ist, wird allerdings nur unter der Woche serviert. *Tgl. 11.30–23.30 Uhr | 2, place du Marché Sainte-Catherine | Tel. 01 40 09 05 33 | www.restaurantlemarcheparis.com | M 1: Saint-Paul | 4. Arr.*

LA MARMITE [136 C5]
Das Auf und Ab am Montmartre macht hungrig. Neben dem Mittagsmenü Express *(17 Euro),* aus Vor-, Haupt- und Nachspeise, ist hier die große Auswahl der Salate der Renner *(ab 13 Euro).* Alle sind mit einem Berg köstlicher, selbst gemachter Knoblauch-Kartoffeln angereichert, sodass sie locker eine Hauptmahlzeit ersetzen. Verputzen können Sie die Salate hier bis 1 Uhr nachts! *Tgl | 2, boulevard de Clichy | Tel. 01 42 55 83 42 | M 2: Pigalle | 18. Arr.*

LE PETIT SAINT-BENOIT [150 B3]
Suchen Sie ein bodenständiges Bistro mit Traditionsküche? Seit 1901 gibt es dieses Lokal, und es hat sich im Lauf der Jahre kaum verändert. Man kann sich leicht vorstellen, dass hier schon der Chansonnier Serge Gainsbourg gesessen haben soll, im Sommer auf der Terrasse. Tagesgerichte wie *boeuf bourguignon* gibt es Mo–Fr mittags für 12,50 und abends sowie am Samstag für 14,50 Euro. *So geschl. | 4, rue Saint-Benoit | Tel. 01 42 60 27 92 | www.petit-st-benoit.com | M 4: Saint-Germain-des-Prés | 6. Arr.*

LESCURE [144 A5]
Direkt neben der place de la Concorde befindet sich das gediegene Restaurant in einem der ältesten Häuser von Paris. Seit 1919 wird in dem Familienbetrieb das Wissen über die Kunst der französischen Küche von Genera-

tion zu Generation weitergegeben. Das Essen wird zur Zeitreise in gemütlichem Ambiente. Vorspeisen, Salate und diverse Käsesorten bekommen Sie ab 4 Euro. Die traditionellen Hauptgerichte wie Entenconfit an grünem Pfeffer, Rindfleisch in Burgunderwein oder baskisches Hühnchen kosten 15 bis 22 Euro, das dreigängige Menü inklusive Getränke 26 Euro. *Mo–Fr 12–14.15 und 19–22.15 Uhr | 7, rue de Mondovi | Tel. 01 42 60 19 91 | www.lescure1919. fr | M 1, 8, 12: Concorde | 1. Arr.*

IMBISSE

L'AS DU FALLAFEL [151 F2]

Die rue des Rosiers, in der das traditionelle jüdische Leben wie nirgendwo anders in der Stadt pulsiert, hat sich in den letzten Jahren zur Modemeile mit vielen minimalistischen Showrooms für trendige Labels entwickelt. Und sie ist eine Straße für die Liebhaber von *fallafel* geworden: Für 6,50 Euro gibt es etwa im L'As du Fallafel die leckeren Kichererbsenbällchen in den unterschiedlichsten Geschmacksvariationen. Sie werden zusammen mit verschiedenen Salaten, gegrilltem Gemüse und immer anders schmeckenden Soßen im Pitabrot serviert.

Gerade Vegetarier, die in Paris wenig Auswahl finden, kommen hier voll auf ihre Kosten – auch wenn man manchmal Schlange stehen muss. Sie können sich die *fallafel* aber natürlich auch an einem der anderen Straßenstände, die zu den jeweiligen Lokalen gehören, holen, lecker sind sie überall. Lassen Sie sich auf der Rasenfläche der place des Vosges nieder, hier gibt's wie in den meisten Parks WLAN-Empfang. *Fr-Abend und Sa geschl. | 34, rue des Rosiers | Tel. 01 48 87 63 60 | M 1: Saint-Paul | 4. Arr.*

AU P'TIT GREC [157 E1]

An der sehr lebendigen rue Mouffetard, einer der Hotspots von Partygängern und Nachtschwärmern, liegt dieses kleine Lokal mit einem *crêpes*-Stand, der mit der Zeit zu einer echten Institution geworden ist. Ob es hier wirklich, wie manche Gäste meinen, die „weltbesten Pfannkuchen" gibt, sei dahingestellt. Tatsache aber ist, dass die riesigen, bestens mit frischen Zutaten belegten herzhaften *galettes* und süßen *crêpes* köstlich schmecken und nur 3,50 bis 7 Euro, je nach Belag, kosten. Wenn das nicht genügend gute Gründe

sind, zum Essen hierher zu fahren! *Tgl. | 68, rue Mouffetard | www.au ptitgrec.com | M 10: Cardinal Lemoine | 5. Arr.*

Insider Tipp **FOOD MARKET** [147 D4]

Bis vor kurzem galt Streetfood in Paris eher als Notlösung. Wer gut essen wollte, ging ins Restaurant und zahlte viel Geld. Zum Glück gibt es junge Franzosen wie Virginie Godard, die ihren Job geschmissen hat, um ihren Landsleuten das Essen von der Straße schmackhaft zu machen – mit Erfolg. Einmal im Monat organisiert sie nun im multikulturellen Belleville den Food Market. An rund 20 Ständen bekommen Sie Gerichte aus verschiedenen Ländern für unter 10 Euro. Die gute Stimmung gibt's gratis dazu! *Einmal im Monat Do 18–22.30 Uhr | Boulevard de Belleville zwischen den Metrostationen Couronnes und Ménilmontant | Tel. 06 35 54 04 61 | www.lefoodmarket. fr | M 2: Couronnes oder Ménilmontant | 11. Arr.*

POMME DE PAIN [143 D4]

Für die noble Adresse an den Champs-Élysées bietet dieser Straßenverkauf, eine Filiale der Pomme-de-Pain-Kette, reichhaltige Auswahl zu zivilen Preisen. Das Menü „Sandwich Bistrot" zum Beispiel mit einem Schinken-Baguette, Kartoffeln, Suppe oder einem kleinen Dessert und Getränk gibt es schon ab 8,05 Euro, serviert in poppig-modischer Atmosphäre. Beeindruckende Öffnungszeiten! *Tgl. 5–2 Uhr | 50, avenue des Champs-Élysées | Tel. 01 44 95 71 14 | www.pommedepain.fr | M 1, 9: Franklin D. Roosevelt | 8. Arr.*

THE RICE BAR [144 B3]

Überall auf der Welt wird Reis unterschiedlich zubereitet gegessen. Das einfallsreiche Konzept dieses Lokals: Alle Gerichte bestehen aus der Basiszutat warmer oder kalter Reis, werden höchst fantasievoll variiert und laden zu einer Reise um die Welt ein, mit thailändischem Garnelenreis, japanisch angehauchten Rollen, Reissalat aus Südfrankreich oder Risotto. Auch die indische Zubereitung mit Hähnchenfleisch oder die spanische Paella überzeugen. Als Dessert gibt es dann etwa balinesischen Reispudding mit Kokos oder orientalische Reiscreme mit Orangenblütenwasser und Pistazien. Alle Gerichte kosten zwischen 8 und 12 Euro, ein Menü einschließlich Ge-

---

Bild: The Rice Bar serviert mittags Reisgerichte aus aller Welt

ESSEN & TRINKEN

bienvenue

du lundi au vendredi
de 11h30 à 14h30

thericebar.fr

tränk 11 Euro. Alles gibt es auch *à emporter* (zum Mitnehmen). *Mo–Fr 11.30–14.30 Uhr | 37, rue Godot de Mauroy | Tel. 09 51 95 74 99 | www. thericebar.fr | M 9: Havre – Caumartin | 9. Arr.*

URFA DÜRÜM [145 E–F3]

Hier gibt es die besten kurdischen Sandwiches der Stadt. Die vegetarische Variante mit lecker Feta-Käse für 7 Euro ist zum Hineinlegen! Das Fladenbrot wird vor Ihren Augen frisch zubereitet und mit frischen Zutaten gefüllt. Der perfekte Snack! *Tgl. 12–24, So nur bis 22 Uhr | 58, rue du Faubourg-Saint-Denis | Tel. 01 48 24 12 84 | M 4: Château d'Eau | 10. Arr.*

LÄNDERKÜCHE

AQUARIUS (WORLD FOOD) [155 E4]

In diesem angenehmen vegetarischen Restaurant werden nur frische Zutaten vom Markt verwendet – und das schmeckt man! Für 17 bzw. 19 Euro bekommen Sie hier mittags und abends wechselnde Tagesgerichte, die aus Vorspeise und Hauptgericht bestehen. So kommen Sie deutlich günstiger weg als bei einer Bestellung à la carte. *So geschl. |40, rue de Gergovie | Tel. 01 45 41 36 88 | M 13: Plaisance | 14. Arr.*

CHEZ MARIANNE (JÜDISCH) [151 F2]

Das jüdische Restaurant mitten im Marais ist zu einer Institution geworden. Der Renner ist der große Vorspeisenteller, der für 14 Euro ordentlich sättigt. Dazu können Sie koscheren Wein bestellen. Alle Zutaten wie etwa Kichererbsenpaste *(houmous)*, Krautsalat, Auberginenpaste oder gegrilltes Gemüse liegen hinter Glas zur Auswahl bereit. Noch günstiger sind diese oder ähnliche Zutaten in einer *falafel to go* für 5,50 Euro zu haben. Manchmal ist es hier ziemlich voll, aber das Warten lohnt. *Tgl. | 2, rue des Hospitalières-Saint-Gervais | Tel. 01 42 72 18 86 | M 1: Saint-Paul | 4. Arr.*

CHOUCHOU (FRANCO-ORIENTALISCH) [151 E1]

Während tagsüber noch Touristen aus dem 100 m entfernt liegenden Centre Pompidou hierher strömen, wird es abends authentischer. Dann ist das Lokal nämlich oft gesteckt voll mit Leuten aus dem Viertel. Kein Wunder, bei diesem netten

Ambiente: Die Wand schmückt ein großflächiges Delaunay-Gemälde und der Service ist auch auf der Terrasse schnell und freundlich. Der Höhepunkt *(Mo–Sa)* ist die Jazzmusik am Piano von 18.30 bis 22 Uhr. Das Essen ist nordafrikanisch-orientalisch, sehr lecker und für Pariser Verhältnisse sehr günstig: Das Mittagsmenü (Vor- und Haupt- bzw. Haupt- und Nachspeise) kostet hier Mo–Fr nur 13,85 Euro. Abends und am Wochenende kommen Sie mit 15,45 Euro davon. Besonders empfehlenswert ist das köstliche *tajine au poulet* (Hähnchen-Tajine) mit gelber Currysoße und Rosinen – es zergeht auf der Zunge! *Tgl. | 63, rue Rambuteau | Tel. 01 42 77 37 30 | M 4: Etienne Marcel | 4. Arr.*

Insider Tipp

CLEVER!

> *Wo die Pariser ihr geliebtes piquenique verspeisen*

Baguette unterm Arm, dazu Käse und vielleicht noch eine *quiche* oder einen Salat vom *traiteur*, den Wein nicht vergessen und ein leckeres Dessert aus der *patisserie* – fertig ist das günstige tragbare Schlaraffenland. Fehlt nur noch der richtige Platz zum Schmausen. Picknick-Hotspot Nr. 1 ist der Pont des Arts *(M 1: Louvre-Rivoli | 1. Arr* **140 B2**). Wenn sich an den ersten lauen Sommerabenden die Studenten der nahen Sorbonne Decke an Decke auf der wunderschönen schmiedeeisernen Fußgängerbrücke ausbreiten, herrscht hier eine lebendige, entspannte Atmosphäre. Den Blick auf die Goldkuppel des Institut de France und den illuminierten Louvre gibt's gratis dazu. Ganz ähnliche Erlebnisse servieren auch andere Open-Air-Plätzchen, zum Beispiel die Steinstufen vor dem Panthéon *(RER B: Luxembourg | 5. Arr.* **151 D5**) mit Blick auf Sonnenuntergang und leuchtenden Eiffelturm. Prima picknicken lässt es sich auch im La Cour Carré am Louvre *(M 1, 7: Palais Royal–Musée du Louvre | 1. Arr.* **150 C1**), auf den *quais* entlang der Seine, die für den Verkehr gesperrt sind, oder am westlichsten Ende der île Saint-Louis *(M 7: Pont Marie | 4. Arr.* **151 E3**), der kleineren, romantischeren der beiden Seine-Inseln, und natürlich mit den Hipstern am canal Saint-Martin *(M 4, 5, 7: Gare de l'Est | 10 Arr.* **146 A2–3**).

LE DAILY SYRIEN (SYRISCH) [145 E3]

In einem Land, in dem sich alles ums Essen dreht, geht natürlich auch Integration durch den Magen. Im Daily Syrien mischen sich in gemütlicher Atmosphäre syrische Oppositionelle und hippe Pariser. Der Besitzer, Ahmed Al Bittin, lebt schon seit über 20 Jahren in Paris. Seit Ausbruch des Bürgerkriegs in seiner Heimat ist er zu einer Anlaufstelle für seine Landsleute geworden. Der gleichnamige Imbiss in der nahen rue du Faubourg-Saint-Denis (Nr. 55) lief so gut, dass Al Bittin nun die Restaurant-Version eröffnet hat. 300 Kilo Kichererbsen

Hier geht's heiß her: Das Higuma serviert japanische Spezialitäten, als wär's in Tokio

werden hier jeden Monat zu frischem *houmous* verarbeitet – sehr zu empfehlen! Ganz toll auch die **der TIPP** *bar à Mézzés,* an der Sie sich selbst Ihren Teller mit orientalischen Pasten, Salaten und Häppchen zusammenstellen können. Fünf Sorten für zwei Personen kosten 27,50 Euro. Das Mittagsmenü bekommen Sie ansonsten schon für 13 Euro, abends gibt es ein Menü für 15 Euro. *Mo–Sa 11.30–15 und 18.30–23.30 Uhr | 12, rue des Petites Écuries | Tel. 01 42 29 33 86 | M 4: Château d'Eau | 10. Arr.*

DÉLICES LEPIC (CHINESISCH) [136 B–C5]

Es gibt in Paris jede Menge dieser Art von chinesischen Restaurants – doch dieses in der Nähe des Moulin Rouge und dem nicht gerade als Schnäppchengegend bekannten Montmartre rund um Sacré-Cœur, stillt für wenig Geld den Hunger, und lecker ist es auch. Dann geht's gestärkt den Montmartre-Hügel hoch. Es wäre zu ärgerlich, wenn Sie oben an der place du Tertre Ihren knurrenden Magen mit einem überteuerten *croque monsieur* (Toastbrot mit Schinken und Käse überbacken) besänftigen müssten. Bei Délices Lepic kostet ein riesiger Teller Hähnchen-

fleisch mit Reis und Basilikumsoße 5,80 Euro. Den Espresso trinkt man in der Lux-Bar *(S. 52)* nebenan, die atmosphärisch um Längen mehr zu bieten hat. *Tgl. | 14, rue Lepic | Tel. 01 42 64 47 43 | M 2: Blanche | 18. Arr.*

HIGUMA (JAPANISCH) [144 C4–5] *Insider Tipp*

Man glaubt sich hier eher in einer der authentischen japanischen Suppenküchen mitten in Tokio als in der französischen Haupstadt. Berühmt sind Lokale wie das Higuma für ihre Spezialität *ramen,* eine kräftige Nudelsuppe mit Fleisch, Gemüse und asiatischen Ravioli. Die Suppe wird vor Ihren Augen zubereitet und sättigt für günstige 7,50–9,50 Euro. Falls Ihnen die Schlange zu lang wird, schlendern Sie weiter: Die Auswahl an ähnlichen Lokalen ist groß, denn schließlich befinden Sie sich mitten im japanischen Viertel von Paris in der Nähe der alten Oper. *Tgl. | 32 bis, rue Sainte-Anne | Tel. 01 47 03 38 59 | higuma.fr | M 7, 14: Pyramides | 1. Arr.*

KHATAG (TIBETANISCH) [151 E1]

Warum nicht einmal ein wenig Exotik auf dem Teller? Dieses tibetanische Restaurant in der Nähe des Cen-

tre Pompidou erinnert mit seiner Küche zwar an China und Indien. Es punktet aber darüber hinaus mit kulinarischen Besonderheiten aus dem Land des Dalai Lama und weist mit einigen ausgefallenen vegetarischen Mahlzeiten eine eigene Note auf. Mittags werden Sie hier schon ab

CLEVER!

> *Gratis schlemmen: couscous zum Wein*

Couscous heißt das Grundnahrungsmittel der nordafrikanischen Küche. Die Beilage, die zu Fisch, Fleisch oder vegetarischen Gerichten serviert wird, besteht aus Hartweizengrieß, Hirse oder Gerste. Um *couscous* herzustellen, wird das Getreide befeuchtet und zu kleinen Kügelchen zerrieben. Das Nationalgericht Nordafrikas ist in Paris nicht nur weitverbreitet, es wird vor allem in 🐷 einer Reihe von Lokalen an bestimmten Abenden gratis serviert! Einfach ein Getränk bestellen (Wein für 3 Euro), und schon kommt die orientalische Köstlichkeit mit auf den Tisch. Wenn dann noch die richtige Musik im Hintergrund spielt, jede Menge junge Leute, Familien oder alte Berber im Lokal sind, wird die Stimmung richtig gesellig. Als Alternative gibt's manchmal die mindestens ebenso beliebte normannische Variante: *moules frites* (Miesmuscheln mit Pommes frites). Im Le Grenier (152, rue Oberkampf | Tel. 01 48 05 13 52 | M 2: Menilmontant | 11. Arr. [147 D4/5]) gibt's von September bis Juni freitags und samstags ab 19.30 Uhr 🐷 *couscous* gratis. Ebenfalls mit Musik, familiärer Atmosphäre und Gratis-*couscous* lockt das Les Trois Frères (Do ab 21 Uhr | 14, rue Léon | Tel. 01 42 64 91 73 | M 4: Château Rouge | 18. Arr. [137 E4]). Leckere Miesmuscheln können Sie im Le Bouillon Belge (Mi ab 20.30 Uhr | 6, rue Planchat | Tel. 01 43 70 41 03 | M 2: Avron | 20. Arr. [153 F3]) genießen, orientalisches Ambiente herrscht im Le Tribal Café (couscous Fr, Sa, moules frites Mi und Do ab 21 Uhr | 3, cour des Petites-Écuries | Tel. 01 47 70 57 08 | M 4: Château d'Eau | 10. Arr. [145 E3]), und im Général Beuret gibt's in der Happy Hour zum großen Bier 🐷 eine Portion Pommes gratis dazu (tgl. 17–20 Uhr | 9, place du Général Beuret |Tel. 01 42 50 28 62 | M 12: Vaugirard | 15. Arr. [155 D2]).

7,50 Euro locker satt, am Abend ist das Menü etwas teurer, aber immer noch günstig und kostet ab 15 Euro. *Mo mittags geschl. | 68, rue Quincampoix | Tel. 01 48 87 51 25 | http:// restaurant khatag.free.fr | M 11: Rambuteau |3. Arr.*

KRISHNA BHAVAN (INDISCH) [138 A5]

In Paris sind die vegetarischen Restaurants noch relativ dünn gesät. Dieses Lokal inmitten des indischen Viertels beschränkt sich auf fleisch- und fischlose Kost und bietet wohlduftende Currys mit Reis ab 10 Euro an. Die Suppen kosten nur 4 Euro und ein dreiteiliges Menü bekommen Sie mittags für 14,50 Euro und abends für 19 Euro. Besonders empfehlenswert ist das *thaali krishna bhavan* für 14 Euro: Der Reis und das Koriander-Fladenbrot werden von acht Schälchen mit exotisch-leckeren Gemüsesorten und Desserts begleitet. Indien, das Land der Gewürze, macht sich hier alle Ehre. Wegen des Andrangs hat das einfache, aber saubere Restaurant zwei weitere Lokale in der Straße eröffnet. Hier essen viele in Paris lebende Inder – ein gutes Zeichen, das für die authentische Küche spricht! *Tgl. | 15,*

21 und 24, rue Cail | Tel. 01 42 05 78 43 | www.krishna-bhavan. com | M 2: La Chapelle | 10. Arr.

LE MANGUIER (AFRIKANISCH) [146 C5]

Sobald Sie die Türen dieses Restaurants öffnen, beginnt die Reise in den Senegal. Afrikanische Musik, eine schlichte Einrichtung in vielen warmen Farben und die sehr freundliche Bedienung empfangen Sie in diesem Tempel der afrikanischen Köstlichkeiten. Schon seit über 25 Jahren stehen hier Qualität und Tradition ganz oben. Die Gerichte sind üppig, authentisch und überraschen die europäischen Geschmacksnerven. Besonders lecker ist das senegalesische Nationalgericht *thieboudienne,* ein mit Kräutern gefüllter Fisch an Reis und Gemüse. Probieren Sie alternativ das Zitronenhuhn *yassa* oder das zarte Lammfleisch in Erdnusssoße namens *mafé.* Als Mittagsmenü kosten die traditionellen Spezialitäten nur 9 Euro, und sind somit – wie in Frankreich üblich – günstiger als à la carte am Abend. *Di–Sa 12–15 und 19.15–02 Uhr | 67, avenue Parmentier | Tel. 01 48 07 03 27 | www. le-manguier.wysifeed.fr | M 3: Parmentier | 11. Arr.*

LE MOUCHARABIEH (ARABISCH) [151 E5]

Museumcafés sind in Paris meist relativ teuer, was man aber vom Selfservicelokal des Institut du Monde Arabe nicht behaupten kann. Hier bekommen Sie die Genüsse aus Tausendundeiner Nacht viel günstiger als auf dem gehobenen Dachterrassenrestaurant im selben Gebäude – und den fantastischen Blick von der neunten Etage *(S. 40)* können Sie nach dem Essen dann ja trotzdem noch kostenlos genießen. Vorher aber schwelgen Sie in arabischen Vorspeisen wie würzigem *houmous* (Kichererbsenpaste) oder Auberginencreme, warme (Haupt-)Gerichte gibt es bereits ab 12,90 Euro. *Di–So 11–15 Uhr | 1, rue des Fossés Saint-Bernard | Tel. 01 55 42 55 42 | www.imarabe.org | M 10: Cardinal Lemoine | 5. Arr.*

PHO 14 (VIETNAMESISCH) [157 F5]

Gute, günstige Restaurants erkennt man in Paris oft an den langen Warteschlangen, die zu Stoßzeiten die Bürgersteige für Passanten versperren. So ist es auch hier! Denn das Pho 14 ist stadtbekannt für die traditionelle vietnamesische Suppe Pho. Die bekommen Sie hier in all ihren Varianten. Serviert wird die Reisnudelsuppe mit frischen Kräutern, Sojasprossen, Zwiebeln, Chilischoten, Zitrone und Erdnusssoße, die Sie nach und nach hinzugeben dürfen. Unschlagbarer Klassiker ist der Rinder Pho für 9,50 Euro. *Tgl. | 129, avenue de Choisy | Tel. 01 45 83 61 15 | bei Facebook | M 7: Tolbiac | 13. Arr.*

LA RECYCLERIE (WORLD FOOD) [137 D1] Insi Ti

Angesagtes Café-Restaurant im Vintage-Stil mit *urban farm* und Reparaturwerkstatt in einem ehemaligen Bahnhof unweit des Flohmarkts von Saint-Ouen. Hier gibt es günstige, nachhaltige Küche mit frischen Zutaten und wenig Fleisch. Das täglich wechselnde Mittagsmenü aus einer Hauptspeise, einem Dessert und einem Kaffee kostet 13 Euro. Einen Kaffee, den es hier für den unglaublichen Preis von 1 Euro gibt, können Sie auf der Terrasse entlang der stillgelegten Gleise trinken. Empfehlenswert und lecker, wenn auch nicht unbedingt geschenkt: der vegetarische Brunch, den es am Wochenende für 20 Euro gibt. *Tgl. 8–22.30 Uhr, So abends geschl. | 83, boulevard Ornano | Tel. 01 42 57 58 49 | www.*

larecyclerie.com | *M 4: Porte de Clignancourt* | *18 Arr.*

SELBSTBEDIENUNG

COJEAN LOUVRE [150-151 C/D2]

Paris ist auf dem Biotrip. Wenn Sie gerne bio, vegetarisch, vegan, glutenfrei oder ohne Laktose essen, sind Sie hier richtig. Zu empfehlen sind die frisch gepressten Obst- und Gemüsesäfte: Das Glas voller Vitamine gibt es ab 5,10 Euro, vegetarische Lasagne für 9,20 Euro. 10 Prozent der Einnahmen gehen an eine Stiftung zur Armutsbekämpfung. Die Restaurantkette schreibt Umweltschutz groß und trennt Müll, was in Paris keine Selbstverständlichkeit ist. Am zentralsten ist die Filiale in der Nähe des Louvre. *Mo–Fr 10–16 Uhr* | *3, place du Louvre* | *Tel. 01 40 13 06 80* | *www.cojean.fr* | *M1: Louvre-Rivoli* | *1. Arr.*

LA KANTINE – KAUFHAUS-RESTAURANT DES BHV [151 E2]

Im fünften Stock des Kaufhauses BHV (Bazar de l'Hôtel de Ville) können Sie sich warme Mittagsgerichte ab 5,50 Euro gönnen und haben nebenbei auch noch einen prima Ausblick auf das gegenüberliegende Rathaus. Und da der Blick über die Terrasse auf das neogo-tisch verschnörkelte Hôtel de Ville gar so schön ist, lässt man sich auch noch zu einem Dessert vom reichhaltigen Büfett hinreißen – was bei diesen Preisen allerdings nicht schlimm ist: Mit einem Kaffee für 1,70 Euro können Sie sich dann für neue Paris-Abenteuer stärken. *Mo–So 11.30–18 Uhr* | *52, rue de Rivoli* | *M 1, 11: Hôtel de Ville* | *4. Arr.*

MÛRE [145 D4]   Inside Tipp!

Die Idee ist simpel: Auf einem Biobauernhof nicht weit von Paris werden Obst und Gemüse angebaut. Die Ernte wird in diesem kleinen hippen Restaurant verarbeitet und hungrigen Großstadtmenschen zum Frühstück, Mittagessen oder auch zum Kaffee aufgetischt. Da die meisten Zutaten direkt vom Feld kommen und nicht noch der Transport aus Spanien und die Zwischenhändler bezahlt werden müssen, bekommen Sie Ihr gesundes und durchaus leckeres Mittagsmenü hier schon ab 10,90 Euro. Allerdings herrscht großer Andrang. Nachhaltigkeit ist in Paris gerade voll im Trend. *Mo–Fr 8.30–17, Sa 11–17 Uhr* | *6, rue Saint Marc* | *www.mure-restaurant.com* | *M 8, 9: Grands Boulevards* | *2. Arr.*

L'ATELIER DE JOEL ROBUCHON [143 D4]

Mit mehr als 30 000 verkauften Büchern und über 32 Michelin-Sternen, die er im Lauf der Zeit erhalten hat, gehört Joel Robuchon zu den Großen des Jahrhunderts. Mit über 70 Jahren konzentriert er sich in seinen weltweit verstreuten Filialen auf das Konzept „Atelier": Der Gast sitzt wie etwa hier im Restaurant am Triumphbogen an einer modernen, schwarzrot lackierten Theke und gibt sich den Geschmackserlebnissen hin. Hochwertig und schnell, das ist der neue Trend! Und für dieses Niveau kostengünstig noch dazu: Das Mittagsmenü bekommen Sie schon ab 49 Euro. Abends wird es deutlich teurer: 99 Euro kostet zum Beispiel ein vegetarisches Menü. *Tgl. | 133, avenue des Champs-Élysées | Tel. 01 47 23 75 75 | www.atelier-robu chon-etoile.com | M 1, 2, 6 und RER A: Charles de Gaulle – Étoile | 8. Arr.*

LES COCOTTES [149 D2]

Ausgezeichnet mit zwei Michelin-Sternen verließ Christian Constant das Ritz und eröffnete sein eigenes Restaurant direkt neben dem Eiffelturm. Hier werden Ihnen französische Delikatessen aus dem Schmortopf geboten, die allerdings ihren Preis haben. Klassiker wie ein Schinken-Käse-Omelette mit Salat bekommen Sie dagegen schon für 13 Euro, sodass Sie sich noch ein Stück vom ==umwerfend leckeren Schokokuchen== gönnen können, der den Preis von 11 Euro geschmacklich rechtfertigt. *Tgl. 12–23 Uhr | 135, rue Saint-Dominique | Tel. 01 45 50 10 31 | www.maisonconstant.com/les-cocottes-tour-eiffel/ | M 8: École Militaire | 7. Arr.*

Insider Tip

GALERIES LAFAYETTE [144 B3]

Die Delikatessenabteilung der Galeries Lafayette ist so fantastisch schön wie sündhaft teuer. Beim Anblick der ansprechend drapierten und präsentierten Köstlichkeiten wird Ihnen garantiert das Wasser im Mund zusammenlaufen. Und das Gute: Sie müssen nur kurz auf den Genuss verzichten. Fahren Sie einfach in die sechste Etage hinauf. Dort findet sich, neben vielen anderen Restaurants und Cafés, ein „Self", ein Selbstbedienungsrestaurant, in dem es ganz ähnliche Gerichte wie in der Delikatessenabteilung im Erdgeschoss gibt – zum halben Preis!

LUXUS LOW BUDGET

Greifen Sie also zu, holen Sie sich einen gegrillten Lachs mit Reis für 14,50 Euro oder ein Teller Salat vom Büfett für 4,90 Euro. Setzen Sie sich dann an einen der Tische am Fenster mit herrlichem Logenblick auf das Opernhaus gegenüber – und Sie werden die wenig attraktive Kantinenatmosphäre garantiert völlig vergessen. *Mo–Sa 11–18.30, So 12–17.45 Uhr | 40, boulevard Haussmann | M 7, 9: Chaussée d'Antin–La Fayette | 9. Arr.*

GAYA [150 B2]

Pierre Gagnaire ist ein Koch von Weltrang und einer der Vorreiter der Fusion-Küche. Neben seinem berühmten Restaurant in der rue Balzac hat er auch eine Bistrovariante eröffnet. Trendig-junges Design herrscht dort nicht nur bei der Inneneinrichtung, auch die Küche will sich deutlich von den Konzepten angestaubter Gourmettempel distanzieren. Diese Herangehensweise schlägt sich auch in den Preisen nieder: So kosten im Gaya Vor- und Haupt- bzw. Haupt- und Nachspeise mittags nur 48 Euro – Sterneküche zum wirklich fairen Preis. *So und Mo geschl. | 44, rue du Bac | Tel. 01 45 44 73 73 | www. pierre-gagnaire.com/restaurants/gaya | M 12: Rue du Bac | 7. Arr.*

SEPTIME [153 D3]

Dieses Restaurant, in dem Sie junge hemmungslose Sterne-Küche zu erschwinglichen Preisen bekommen, stand 2017 auf Platz 35 der weltweit besten Restaurants. Spitzenkoch Bertrand Grébaut war in einem früheren Leben Graffiti-Sprayer. Entsprechend lässig geht es in seinem Restaurant im hippen Nordosten von Paris zu. Das mit einem Michelin-Stern gekrönte Septime versteht sich anti-elitär: Jeder soll sich das Essen leisten können. Dabei ist die Speisekarte mit ihrem Einheitsmenü so schlicht gehalten wie die Einrichtung. Seitdem Stars wie Beyoncé und Jay-Z hier dinieren, ist es jedoch oft drei Wochen im Voraus ausgebucht. Kein Wunder bei den für ein Sternerestaurant moderaten Preisen: Mittags kostet das Menü um die 40 Euro und abends um die 80 Euro. *Di–Fr 12.15–14 und 19.30–22 Uhr, Mo nur abends, Sa und So geschl. | 80, rue de Charonne | Tel. 01 43 67 38 29 | www. septime-charonne.fr | M 9: Charonne | 11. Arr.*

Insider Tipp

> **Paris bedeutet große Mode – die aber gar nicht teuer sein muss. So bleibt für alles andere genügend übrig**

Neben Mailand gilt Paris als europäisches Modemekka. Trotzdem muss Design nicht gleich teuer heißen: In manchen Boutiquen oder auf Flohmärkten können Sie eine originelle Bluse durchaus für 5 Euro erwerben – die modebewusste Pariserin macht das auch nicht anders! Zudem kauft die Durchschnittsfranzösin eher feminin-konventionell und wartet oft auf den Schlussverkauf, bei dem es nicht selten Preisnachlässe bis zu 70 Prozent gibt. Aber auch zwischen den Schlussverkaufszeiten im Winter und Sommer (*S. 74*) können Sie jede Menge Modeschnäppchen machen, nämlich in Läden, die ihre Waren mit

dégriffé oder *démarqué* ausgezeichnet haben. Oft handelt es sich dabei um Modelle der Vorsaison, was bei klassischer Mode aber keinen Abbruch tut. Edle Stücke zu zum Teil sensationellen Preisen finden Sie in den Haute-Couture-Secondhandläden oder in den vielen Outlets, nach deren Besuch Sie theoretisch von Kopf bis Fuß mit Markennamen eingekleidet sind, ohne dass im Geldbeutel gähnende Leere herrscht. Aber nicht nur Mode lässt sich in Paris günstig erstehen: Auch Kunst, Musik oder Kosmetik muss nicht die Welt kosten, ebenso wie Accessoires oder Deko-Stücke in charmanten kleinen Läden.

SHOPPEN

ACCESSOIRES & SOUVENIRS

LA MAISON DU SAVON DE MARSEILLE [151 F2]

Der kleine Laden ist ganz auf die berühmte Seife aus der Provence eingestellt, die es in 90 natürlichen Duftnoten gibt. Die Seifen schillern farbenfroh und es ist ein Genuss, sich durchzuschnuppern und für um die 4 Euro ein typisch französisches Mitbringel zu erstehen. *Di–Sa 10–20, Mo und So 11–20 Uhr | 17, rue de la Verrerie | Tel. 01 42 71 40 21 | www.maison-du-savon-de-marseille.fr | M 1, 11: Hôtel de Ville | 4. Arr.*

MARCHÉ SAINT-PIERRE [137 D5]

Stoffmuster à la française sind weltbekannt. In diesem über 2500 m² großen Laden muss man sich durch die großen Stoffrollen durchzwängen, um das geeignete Muster für Tischdecke oder Vorhang, aber auch für kompliziertere Nähwerke zu finden. Die Preise hier sind für Pariser Verhältnisse unglaublich! *Mo–Sa 10–18.30, Sa bis 19 Uhr | 2, rue Charles Nodier | Tel. 01 46 06 92 25 | www.marchesaintpierre.com | M 2: Anvers | 18. Arr.*

TATI [137 E5]

Das absolute Billigkaufhaus der Stadt liegt am Fuß des Montmartre-Hügels und lohnt einen Ausflug nicht nur wegen seines Sortiments, sondern vor allem auch wegen der Atmosphäre. Seit den 1950er-Jahren türmen sich hier inmitten ständigen

Gewühls preislich unschlagbare Waren: von Mode – sogar Brautkleider für 100 Euro sind im Angebot – über Küchen- und Dekoartikel bis zu Süßigkeiten. Das mag durchaus kitschig und auch nicht immer sonderlich hochwertig sein, aber originelle Dinge finden sich allemal. Und wer nichts findet, der kann zumindest die durch die Menschen aus den benachbarten nordafrikanischen Vierteln geprägte exotische Atmosphäre genießen. Auf demselben Boulevard reihen sich verschiedene Kaufhäuser aneinander, die allesamt am pinkfarbenen Emblem zu erkennen sind. *Mo–Fr 10–20, Sa 9.30–20 Uhr | 4, boulevard de Rochechouart | Tel. 01 55 29 50 00 | www.tati.fr | M 2, 4: Barbès-Rochechouart | 18. Arr.*

LE VIN EN TÊTE [136 B5]

Wein ist ein wichtiges französisches Exportgut. Bei den in diesem Laden regelmäßig an Wochenenden stattfindenden kostenlosen Weinproben kommen Sie nicht nur mit den anwesenden Winzern ins Gespräch. Die *dégustations* bieten auch die Möglichkeit, gesellige Stunden mit französischen Weinliebhabern zu erleben. Natürlich hat niemand etwas dagegen, wenn Sie ein paar Flaschen jenes Tröpfchens kaufen, das Ihnen besonders geschmeckt hat. *Mo–Fr 11–14, 16–20.30, Sa 11–20.30, So 17–20 Uhr | 30, rue des Batignolles | Tel. 01 44 69 04 57 | www.levinentete.fr | M 2, 13: place de Clichy | 17. Arr.*

BUMMELN ▬▬▬

Durch bestimmte Einkaufsgegenden in Paris zu spazieren, reicht oft fast an das Erlebnis eines Museumbesuchs heran. Dort will man die Bilder ja auch nicht gleich besitzen, sondern nur anschauen. Die Franzosen nennen einen Einkaufsbummel dieser Art auf unnachahmlich originelle Weise *lèche vitrine* (zu Deutsch: Schaufenster ablecken).

PASSAGES COUVERTS [144 C4–5]

Der Tipp für Regentage: Durch diese nostalgischen, überdachten Einkaufspassagen aus dem 19. Jh. zu spazieren, ist der Höhepunkt jeder Shoppingtour! Sie tauchen nicht nur ein in den Glanz vergangener Epochen, in den Antiquariaten mit unzähligen alten Postkarten, Büchern und anderen Stücken findet sich sogar das eine oder andere bezahlbare Kleinod. Boutiquen mit ausgesuchtem Schmuck

Bild: Ein Shoppingbummel wie eine Zeitreise – in der Galerie Vivienne

und trendiger Kleidung wechseln mit plüschigen, eleganten Cafés und Teestuben. In der Gegend um den Palais Royal findet sich eine ganze Reihe mehr oder weniger restaurierter Passagen, deren Prinzip damals von Paris aus seinen Siegeszug um die Welt antrat. Zu ihnen gehören etwa die Galerie Véro-Dodat, die prunkvolle Galerie Vivienne oder die Passage

CLEVER!

> **Pariser Schnäppchenzeit**

Es soll japanische Hardcoreshopper geben, die eigens zum Schlussverkauf *(soldes)* in die französische Hauptstadt reisen! Kein Wunder, ab einer bestimmten Preisklasse und bei oft bis zu 70 Prozent Nachlass kann sich ein solcher Trip durchaus lohnen. Zweimal im Jahr *(je 5 Wochen ab Mitte Januar und ab Ende Juni | genaue Daten unter www.parisinfo.com)* steht ganz Paris unter dem Schnäppchenzeichen. Auch die Pariser stellen sich dann schon mal eine Stunde vor Öffnung der Kaufhäuser in die Schlange! Aus den USA importiert: der Black Friday mit interessanten Angeboten jeweils am vierten Freitag im November.

des Panoramas. *Mo–Sa 10–19 Uhr | zwischen Palais Royal und Bourse (Börse) | M 1, 7: Palais Royal – Musée du Louvre | 1. Arr.*

TRIANGLE D'OR [143 D3–5]

Die Region um die avenue Montaigne, die Champs-Élysées und die avenue George V wird *triangle d'or*, Goldenes Dreieck, genannt. Schließlich sollte man schon einige Goldbarren zu Hause haben, um sich so manch leichtes Stöffchen leisten zu können – es sei denn, es ist Schlussverkauf *(s. Kasten links)*. Dann haben selbst Normalsterbliche die Chance, ein Stück von Chanel, Dior, Prada oder Dolce & Gabana zu ergattern. Auch in den nahen Straßenzügen der avenue Matignon, der rue du Faubourg Saint-Honoré oder der rue François I. reihen sich die pompösen Boutiquen mit ihren repräsentativen Eingangsportalen, vor denen Madame sich von ihrem Privatchauffeur absetzen lässt. *Champs-Élysées | M 1, 9: Franklin D. Roosevelt | 8. Arr.*

VIADUC DES ARTS [159 D1]

Unter den sorgfältig restaurierten, verglasten Bögen dieses alten Eisenbahnviadukts befinden sich die Ateliers und Verkaufsräume von mehr als 50 Kunsthandwerkern. Sie produzieren feine Stücke aus Holz, Glas, Kupfer, Gold oder Stoffen, die allerdings ihren Preis haben. Was aber nicht heißen soll, dass man nicht attraktive Sonderangebote ergattern kann. Den Bummel beschließen können Sie mit einem bezahlbaren Souvenir aus dem geschmackvollen Ethnoladen Ithemba *(Nr. 67, www.ithemba.fr)*, der fantasievolle Deko aus Naturmaterialien verkauft. Und dann hängen Sie noch einen kleinen Spaziergang auf dem üppig bepflanzten Dach des Viadukts an: Sie laufen hier auf einem Teil der Promenade Plantée, auf dem die ehemalige Eisenbahnlinie zur Bastille verlief. *Mo–Sa, einige wenige Läden auch So. | 1–129, avenue Daumesnil | www.leviaducdesarts.com | M 1, 14, RER A, D: Gare de Lyon | 12. Arr.*

FLOHMÄRKTE

PUCES DE SAINT-OUEN [0]

Der Marché aux Puces de Saint-Ouen gilt als weltgrößter Antiquitätenmarkt. Das hat sich mittlerweile herumgesprochen, dementsprechend sind die Preise gestiegen. Und dennoch: Wer sich Zeit nimmt, wird noch immer das eine oder andere Lieblingsstück zum Schnäppchenpreis finden – bei einer Riesenauswahl von über 3000 Händlern und jeder Menge Trödel. *Sa und So 9/10–18, Mo 10.30–17.30 Uhr | www.marcheauxpuces-saintouen.com | Saint-Ouen | M 4: Porte de Clignancourt | ans 18. Arr. angrenzend*

PUCES DE VANVES [155 D5]

Hier wird Nostalgie großgeschrieben, und bei 380 Händlern ist der Flohmarkt gerade noch so überschaubar. In all den alten Fotos, Postkarten, Büchern, Münzen und dem alten Geschirr zu stöbern, ist ein kultureller Ausflug in die französische Vergangenheit. Und nette Stücke zum fairen Preis gibt's obendrein zu ergattern. *Sa und So 7–14 Uhr | avenue Marc Sangnier | www.pucesdevanves.fr/willkommen_de/ | M 13: Portes des Vanves | 14. Arr.*

KOSMETIK

CITY-PHARMA [150 B3]

Mitten im Touristenviertel Saint-Germain-des-Prés finden Sie auf zwei Etagen City-Pharma, wo Medikamente und Kosmetikartikel aufgrund einer unschlagbaren Preispolitik oft

Frische und viel Flair auf dem Marché d'Aligre

für die Hälfte des Normalpreises zu bekommen sind. *Mo–Fr 8.30–20, Sa 9–20 Uhr | 26, rue Four | www.pharmacie-paris-citypharma.fr | M 4: Saint-Germain-des-Prés | 6. Arr.*

SEPHORA   **[143 D3–4]**
In diesem riesigen Kosmetiktempel an den Champs-Élysées können Sie bei heißen Discorhythmen stundenlang Farben vergleichen oder Angebote aufspüren und sich an der Make-up-Bar 🐷 kostenlos eine Viertelstunde lang ==Schminktricks zeigen lassen==. Achtung, präzisieren Sie, dass Sie nur eine *maquillage Flash* wollen! Es sei denn, Sie haben ein Date, das die 45 Euro für das volle Pro-

SHOPPEN

es ist auch ein wahres Vergnügen, die quirlige Atmosphäre zu erleben. Nirgendwo ist das Gemüse so frisch, da es rasend schnell verkauft wird, aber auch das Angebot an Secondhand-Kleidung ist sehr groß. Viele afrikanische, indische und asiatische Stände sorgen für zusätzliches exotisches Flair. Die besten Preisnachlässe gibt es sonntags um 13 Uhr. *Di–Sa 9–13 und 16–19.30, So 9–13.30 Uhr | place d'Aligre | M 8: Ledru-Rollin | 12. Arr.*

MARCHÉ BELLEVILLE [146–147 C3–D4]

Zwischen den Metrostationen Ménilmontant und Belleville spielt sich zweimal die Woche ein wahres Spektakel ab, wenn die Marktschreier aus aller Herren Länder ihre erstaunlich günstige Ware feilbieten. Hier, im multikulturellen Osten, ist das elegante Paris ausgeblendet: Ob es sich um Stände mit 1-Euro-Krimskrams, indische Stoffe oder arabische Honigküchlein handelt, es ist ein wahres Feuerwerk an Eindrücken. Die exotischen Köstlichkeiten können Sie dann beim gemütlichen Picknick im nahegelegenen Parc des Buttes-Chaumont verspeisen. *Di, Fr 7–14.30 Uhr | boulevard Belleville | M 2: Ménilmontant, M 11: Belleville | 11. Arr.*

gramm wert ist. *Tgl. 10–20 Uhr | 70–72, avenue Champs-Élysées | www.sephora.fr | M 1, 9: Franklin D. Roosevelt | 8. Arr.*

MÄRKTE

MARCHÉ D'ALIGRE [152 C4]

Dieser Markt gilt als einer der günstigsten von Paris! Aber nicht nur das,

MODE

GALERIES LAFAYETTE [144 B3]

Ja, auch in dem großen Traditions-kaufhaus, einem der ältesten und exklusivsten Frankreichs, kann man Schnäppchen machen. Am besten, Sie schauen schon vorab unter *www. galerieslafayette.com*. Unter Stichworten wie „soldes" (Schlussverkauf) „bonnes affaires" (Schnäppchen) oder „petits prix" (kleine Preise) gibt es Sonderangebote nach Farben, Preisen und Marken geordnet. Sie können mit Preisnachlässen von 60 Prozent rechnen. Im Kaufhaus sind zwar nicht alle Angebote der Website vorrätig, trotzdem sparen Sie durch die Vorauswahl Zeit, Geld und Nerven. *Mo–Sa 9.30–20.30, So 11–19 Uhr | 40, boulevard Haussmann | M 7, 9: Chaussée d'Antin-La Fayette | 9. Arr.*

KOOKAÏ-STOCK [145 E4–5]

Die Marke steht für junge, verspielte französische Mode. In diesem Laden unweit Les Halles herrscht das ganze Jahr Schlussverkauf: Die Mode des vorangegangenen Jahres wird für 50 Prozent verkauft. Für einen Rock oder eine Hose zahlt man rund 40, für ein Kleid ca. 70 Euro. Während der Schlussverkaufszeiten wird noch eins daraufgesetzt, dann beträgt der Nachlass stolze 70 Prozent! *Mo–Sa 10.30–19.30 Uhr | 82, rue Réaumur | M 3, 4: Réaumur-Sébastopol | 2. Arr.*

MOUTON À 5 PATTES [150 A4]

Um die Ecke des Edelkaufhauses Bon Marché finden Sie eng zusammengepackte *degriffé*-Ware, Stücke aus der Vorsaison. Erst wenn die Labels herausgeschnitten wurden, dürfen die einst teuren Stücke von Moschino, Jil Sander, Gaultier etc. günstig verkauft werden. *Mo–Sa 10–19 Uhr | 8, rue Saint-Placide | M 4: Saint-Placide | 6. Arr.*

SYMPA [137 D5]

Am Fuß des Montmartre türmt sich in mehreren engen Läden die fantastisch billige, aber hochwertige Ware. Körperkontakt darf man nicht scheuen, wenn ein BH der Marke Aubade nur 12 Euro kostet! Es gibt kaum Möglichkeiten, die Pullover, Hosen und Jacken anzuprobieren, an der Kasse sind meist lange Schlangen. *Mo–Sa 10.30–19, Sa ab 9.45 Uhr, Laden Nr. 72 auch So 10.30–18.30 Uhr | 66–72, boulevard Rochechouart | M 2: Anvers | 18. Arr.*

Bild: Im Kookaï-Outlet gibt das ganze Jahr über stolze Preisnachlässe

UNIQLO PARIS OPÉRA [144 B3]

Die japanische Alternative zu H&M, nur wenige Meter entfernt am boulevard Haussmann (Nr. 54). Teilweise brauchbare Basics mit für den Preis überraschend guten Materialien wie Kashmir (Pullover 60 Euro im Schlussverkauf, sonst 80–90 Euro), ultra-leichte Daunen oder wärmende High-Tech-T-Shirts. *Mo–Sa 10–20, So 12–19 Uhr | 17, rue Scribe | M 3, 7, 8: Opéra | www.uniqlo.com | 9. Arr.*

MUSIK

CROCODISC [151 D4]

Alles außer Klassik können Sie in diesem CD- und Schallplattenladen, aufstöbern, die neuen sowie die gebrauchten Tonträger kosten ab 1 Euro. Jazzfans gehen einfach ein paar Schritte weiter zu Crocojazz *(64, rue de la Montagne-Sainte-Genevieve | 13–14 Uhr Mittagspause)*! *Di–Sa 11–19 Uhr | 40/42, rue des Écoles | Tel. 01 43 54 33 22 | www.crocodisc.com | M 10: Maubert-Mutualité | 5. Arr.*

SECONDHAND

Insider Tipp
CHERCHEMINIPPES [149 F5]

Einer der Pioniere der Pariser Secondhandläden, der Wert auf tadellose Ware legt und meist um die 50 Prozent im Vergleich zum Ladenpreis nachlässt. In der rue du Cherche Midi gibt's sieben Läden mit verschiedenen Schwerpunkten. Nr. 102 bietet leicht gehobene Marken wie Agnes B. oder Diesel, Nr. 109 Haushalt und Deko, Nr. 110 und 124 Kinder- und Jugendmode, Nr. 111 Herrenausstattung, Nr. 114 Haute Couture wie Hermès, Saint-Laurent, Dior, Sonya Rykiel, Armani, Nr. 106 Accessoires wie Schmuck und Taschen. *Mo–Sa 11–19 Uhr | 102, 106, 109, 110, 111, 114, 124, rue du Cherche Midi | www.chercheminippes.com | M 12: Falguière | 6. Arr.*

CHINEMACHINE [136 C5]

In T

Der erfolgreiche Secondhandladen am Montmartre eröffnet im 10. Arrondissement *(10, rue des Petites Écuries)* eine zweite Filiale. Die Auswahl mit Stücken aus den 60er- und 70er-Jahren ist peppig und inspirierend, dazu gibt's Accessoires wie Taschen, Tücher, Schuhe und Sonnenbrillen zu äußerst annehmbaren Preisen. *Mo–Do 12–20, So 13–20 Uhr | 100, rue des Martyrs | www.chinemachinevintage.com | M 12: Abbesses | 18. Arr*

GEMEINSCHAFT EMMAÜS DÉFI [138 B3]

1953 gründete Pater Abbé Pierre eine Organisation zur Unterstützung finanziell benachteiligter Menschen, die es heute in 40 Ländern gibt. Mehr oder weniger betuchte Franzosen spenden Kleidung, Möbel, Bücher, Fahrräder, CDs und vieles mehr. In den Filialen wird alles von Obdachlosen, die dafür Kost und Logis erhalten, sortiert und in Schuss gebracht. Damit ist Spendern, Obdachlosen und Käufern geholfen, die mit ihren Schnäppchen noch einen sozialen Beitrag leisten. Wenn Sie im Centquatre *(S. 27)* vorbeischauen, sollten Sie einen Abstecher hierher machen! *Mi 13.30–18.15, Do–Fr 13.30–17.45, Sa 11.30–18.45 Uhr | 104, rue d'Aubervilliers | www.emmaus-defi.org | M 7: Riquet | 19. Arr.*

CLEVER!

> **Sparen im Outletcenter-Paradies**

In einer touristisch eher unspektakulären Straße finden sich gleich mehrere Outletläden: teils große französische Namen, teils billiger Ramsch vom Grabbeltisch. Hier sind Preisnachlässe bis zu 50 Prozent möglich, zu Schlussverkaufszeiten können es noch mal 20 Prozent sein. Alle Läden liegen an der rue d'Alesia *(M 4: Alesia | 14. Arr.* [156 A–B5]*)*. Hier eine kleine Auswahl: Bei Stock Simone Pérèle *(Di-Sa 10–19.30, Mo ab 11.30 Uhr | 62, rue d'Alésia | www.simone-perele.com)* kann frau sich mit Spitzenunterwäsche eindecken. Eine klassische Edelmarke für Frauen aller Altersgruppen ist Stock Georges Rech *(Mo–Sa 11–18.45 Uhr | 100, rue d'Alésia | www.georges-rech.fr)*, bei Stock Sonia Rykiel *(Di-Sa 10.30-19, Mo ab 12 Uhr | 110-112 rue d'Alesia)* gibt's den lässigen Strickstil der Designerin. Schick à la française zu unschlagbaren Preisen bietet Zappa *(Mo-Sa 10.30–19.30 | 139, rue d'Alésia | www.zapa.fr)*. Stock 149 *(Di-Sa 10–19, Mo ab 11 Uhr | 149, rue d'Alésia)* verkauft seit rund 30 Jahren reduzierte Markenware für die ganze Familie. Gleich ein ganzes Outletdorf ist La Vallée Village *(tgl. 10–19 Uhr | 3, cours de la Garonne | Serris | www.la valleevillage.com | RER A: Val d'Europe* [0]*)*. Zu den 90 Geschäften zählen feine Adressen wie Michael Kors, Armani, Burberry, Calvin Klein, Kenzo etc. Die Preisnachlässe betragen 30 bis 60 Prozent.

FORTUNÉE [153 D2]

Sie möchten unbedingt in Paris ein Hochzeitskleid finden? Hier könnte das gelingen, ohne dass Sie sich ruinieren! Gebraucht oder neu, für 40 bis 60 Prozent des Normalpreises. Da gerät auch in Versuchung, wer noch nicht den richtigen Mann zum Kleid gefunden hat. *Nach Vereinbarung Di, Mi, Fr, Sa 11–19 und Do 12.30–20.30 Uhr | 11, rue Pache | Tel. 09 51 49 84 40 | www.fortunee.fr | M 9: Voltaire | 11. Arr.*

LA MARELLE [144 C5]

In der eleganten Galerie Vivienne finden Sie diese Luxusboutique mit geschmackvollen Stücken von Kenzo, Comme des Garcons, Yamamoto, Christian Lacroix etc., neu oder als sehr gute Secondhand-Ware. Ein Burberry kann dann 50 Prozent des regulären Preises kosten. *Mo–Fr 10.30–18.30, Sa 11.30–18.30 Uhr | 25, galerie Vivienne | www.la-marelle-paris.fr | M 1, 7: Palais Royal – Louvre | 2. Arr.*

LA MAROQUINERIE PARISIENNE [144 A–B3]

In diesem bis an die Decke vollgestopften dreistöckigen Laden in der Nähe der alten Oper finden Sie Taschen, Gürtel, Geldbeutel und Reisegepäck aus Leder: ein Sortiment, das durchschnittlich 10 bis 20 Prozent günstiger ist als anderswo. Vertreten sind alle großen Marken von Longchamp bis Samsonite. In der speziellen Angebotsecke gibt's sogar bis zu 40 Prozent Nachlass. *Mo 13–19, Di–Sa 10–19 Uhr | 30, rue Tronchet | www.lamaroquinerieparisienne.com | M 3, 9: Havre – Caumartin | 9. Arr.*

PARFUMERIE BURDIN [145 E–F1]

Paris gilt weltweit als die Metropole des Parfüms, trotzdem oder vielleicht gerade deswegen sind die Preise hier oft höher als im benachbarten Ausland. Ein bisschen anders verhält es sich in dieser Parfümerie direkt vor dem Bahnhof Gare du Nord. Neben teuren Wässerchen gibt es hier immer auch einige Sonderangebote mit um die 20 bis 50 Prozent Preisnachlass. Da macht duften wieder Spaß! *Mo–Sa 10–19 Uhr | 7, boulevard de Denain | www.parfumerie-burdin.com | M 4, 5, RER B, D: Gare du Nord | 10. Arr.*

LUXUS LOW BUDGET

RÉCIPROQUE [141 E5]

Mit über 700 m² einer der größten Luxus-Secondhandläden von Paris. Die sechs Geschäfte an der rue de la Pompe sind thematisch nach Schmuck, Taschen, Kleidung und Schuhen unterteilt. Die ehemaligen Abendroben eleganter Damen (und Herren) sind allesamt gut erhalten und akkurat nach den Namen großer Couturiers geordnet. Die oft mit reichlich Schnickschnack dekorierten Teile bekommen Sie dann für ein Viertel des ursprünglichen Preises. Es kann schon passieren, dass Sie den Klassiker, ein Chanel-Kostüm, im Top-Zustand für 170 Euro auftreiben. *Di–Fr 11–19, Sa ab 10.30 Uhr | 89, 92, 93, 95, 97 u. 101, rue de la Pompe | M 9: Rue de la Pompe | www.reciproque.fr | 16. Arr.*

La Maroquinerie Parisienne: Leder in allen Varianten zu günstigen Preisen

> Auch in Paris kann die Nacht zu einer einzigen Party werden. Viele Euros sind dazu nicht nötig

Paris ist wieder ein Fest! Nachdem restriktiver Lärmschutz Bars und Clubs reihenweise in den Ruin getrieben hatte, konnten die Pariser Freunde der Nacht den Ruf der Stadt noch einmal retten. Seit den Attentaten 2015 hat ein Konzert- oder Barbesuch etwas von trotzigem Widerstand. So leicht lassen sich die Pariser nicht unterkriegen: Das Nachtleben pulsiert wie schon lange nicht mehr. Allerdings gilt Paris als teuer für Nachtschwärmer – was aber nicht unbedingt stimmt. Es finden sich immer noch genügend interessante Plätze, an denen man sich für wenig Geld amüsieren kann. Neben günstigen Bars,

in denen beste Stimmung herrscht, und klassischen Clubs, die an bestimmten Tagen freien Eintritt gewähren, liegen große Kulturhäuser, die teilweise von der Stadt subventioniert werden, im Trend. Ehemalige Bahnhöfe, Lagerhallen, außer Dienst gestellte Schiffe werden zu multifunktionalen Locations umgebaut, in denen Bars, Dancefloors und Konzertsäle unter einem Dach vereint sind. Dabei sind an manchen Tagen Livekonzerte oder DJs angesagt, ohne dass Eintritt verlangt wird. Oft kostenlos gibt es auch das Paris-Feeling schlechthin: Livekonzerte alter Chansons – Gänsehaut garantiert.

NACHT LEBEN

BARS

BAR OURCQ [138 C4]

Winzige Bar mit durchaus bezahlbaren Getränketarifen, ein *demi* (0,25 l Bier) zum Beispiel geht für 3 Euro über die Theke. Die Beliebtheit kommt nicht zuletzt durch die exponierte Lage am canal de l'Ourcq in der Nähe des Villette-Beckens. Am Kanalufer vor dem Lokal wird im Sommer gern *pétanque* gespielt. Wenn man sich da nicht tatsächlich wie in Frankreich fühlt ... An Wochenenden gibt es 🐷 Gratiskonzerte, oder es legen DJs auf. *Im Sommer Di–Do 15–24, Fr und Sa 15–2, So 15–22, im Winter Do 15–24, Fr und Sa 15–2, So 15–22 Uhr | 68, quai de la Loire | barourcq.free.fr | M 5: Laumière | 19. Arr.*

CAFÉ CHÉRI(E) [146 C3]

Die Stadtteilkneipe im hippen Belleville hat viele Stammgäste, zu denen sich das junge, lässige Paris gesellt. Verständlich! In der Happy Hour *(17–21 Uhr)* kostet ein großes Bier *(pinte)* hier nur 4 Euro, und bei gutem Wetter können Sie es auf der Terrasse trinken. Donnerstags, freitags und samstags ab 21 Uhr legt ein DJ auf. Dann können Sie zappeln, bis um 2 Uhr alle vor die Tür gesetzt werden. *Tgl. 17–2 Uhr | 44, boulevard de la Villette | Tel. 09 53 05 93 36 | www.facebook.com/cafe. cherie | M 2, 11: Belleville | 19. Arr.*

CANNIBALE CAFÉ [146 B5]

In der rue Oberkampf tobt am Abend das Leben. Nicht weit davon sorgen

Chez Prune: beliebte Bar mit Flair am canal St-Martin

in diesem Café, das tagsüber ein Restaurant ist, ein alter Tresen und Originalkacheln für Jahrhundertwende-Ambiente. Ganz heutig geht es dagegen zu, wenn am Wochenende DJs auflegen und es in den recht kleinen Räumen eng wird. Von 16 bis 20 Uhr bekommen Sie den halben Liter Bier für 4 Euro und Cocktails für 5 Euro! *Mo–Fr 8–2, Sa und So 9–2 Uhr | 93,* *rue Jean-Pierre-Timbaud | Tel. 01* *49 29 95 59 | www.cannibalecafe.* *com | M 2: Couronnes | 11. Arr.*

CHEZ PRUNE [146 A3]

Die rotgetäfelte Fassade der Bar (mit Restaurant) am canal Saint-Martin wirkt schon von außen sehr einladend. Und hält drinnen, was sie verspricht: etwas mediterrane Atmosphäre in Verbindung mit trendiger Deko. Zwar hat auch die Schickeria das Lokal inzwischen bereits entdeckt, doch das sollte Sie nicht stören. Die Preise sind für die Gegend moderat. So kostet das Bier faire 3 Euro (am Tresen nur 2 Euro!). Die besonders empfehlenswerte, große Käse- oder Wurstplatte ist mit 13 bis 15 Euro nicht ganz billig, schmeckt dafür aber und sättigt. *Tgl. 8–2, So ab 10 Uhr | 36, rue Beaurepaire | Tel. 01 42 41 30 47 | M 5: Jaques Bonsergent | 10. Arr.*

LA FOURMI [136 C5]

Das altertümliche Bistro wurde im Retrolook zu Bar und Café aufgepäppelt und gilt nun als einer der beliebtesten Treffpunkte der Pariser Jugend – und der Touristen. In der Nähe verschiedenster Konzertsäle gelegen, geht's hier, im reichlich alternativen Ambiente, gerade vor und nach Veranstaltungen rund. Der Bierpreis ab 2 Euro für ein *demi* (0,25 l) an der Theke und 3 Euro am Tisch verhält sich gegenüber dem studentischen Geldbeutel einigermaßen sanft. *Mo–Do 8–2, Fr 8–4, Sa 9–4, So 10–2 Uhr | Tel. 01 42 64 70 35 | 74, rue des Martyrs | M 2, 12: Pigalle | 18. Arr.*

MAURI 7 [145 E3]

Ob es an Flipper und Tischfußball oder dem großen Bier für 5 Euro liegt, sei dahingestellt. Tatsache ist: Diese eher unscheinbare Kneipe am Ende der Passage Brady *(S. 42),* deren Name übrigens ausgesprochen wird wie der weibliche Vorname Mauricette, quillt abends regelmäßig vor Menschen über, denen die Verrücktheit und Coolness der Jugend ins Gesicht geschrieben steht. *Mo–Sa 8–2 Uhr | 46, rue du Faubourg-Saint-Denis | Tel. 01 44 79 06 42 | bei Facebook | M 4: Château d'Eau | 10. Arr.*

LA SARDINE [146 B–C3]

An der charmanten, begrünten place Sainte-Marthe lässt sich, nicht nur im Sommer auf der Terrasse, bei einem Wein und Tapas (3,50–7 Euro pro Schüsselchen) das Pariser Nachtleben genießen. Manchmal mit Livemusik. Leider werden solch relativ ruhige Ecken im ehemaligen Arbeiterviertel Belleville immer seltener. Hier haben sich viele Künstler niedergelassen, da sie sich die Mieten noch leisten können. *Tgl. 9–2 Uhr | 32, rue Sainte-Marthe | Tel. 01 42 49 19 46 | www.barlasardine.com | M 2, 11: Belleville | 10. Arr.*

LE TAMBOUR [145 D5]

Für Nachtschwärmer, die nach dem Abtanzen in der Disco vorhaben, Paris bei Sonnenaufgang zu erleben und sich das Bett zu sparen. Essen hält wach, bis um 6 Uhr morgens die Tür ins Schloss fällt: Die Weinbar versteht sich auch als Bistro, in dem bis 5/6 Uhr noch warme Mahlzeiten für um die 20 Euro serviert werden. *Tgl. 8.30–5/6 Uhr | 41, rue Montmartre | Tel. 01 42 33 06 90 | M 3: Sentier | 2. Arr.*

Insider Tipp

UDO BAR [146 C5]

Wen das Heimweh packt oder wer einfach nur wissen will, wie es in der deutsch-französischen Szene in Paris so aussieht, schaut am besten in dieser Bar im Stil einer Berliner Kneipe vorbei. Wenn die Happy Hour schlägt, kostet ein Aperitif gerade mal 2,50 Euro, der halbe Liter Bier 3,50 Euro und ein Cocktail für 5 Euro geht auch in Ordnung. Für Stimmung sorgen wechselnde DJs, und auch die Currywurst (4,50 Euro) darf natürlich nicht fehlen. *Di–Sa 18.30–2 Uhr | 4 bis, rue Neuve-Popincourt | Tel. 01 49 29 06 36 | www.udobar.com | M 5, 9: Oberkampf | 11. Arr.*

CLUBS & KONZERTRÄUME ▬

ABRACADABAR 🐷 [138 C5]

In diesem ehemaligen Vereinshaus gehen regelmäßig Gratis-Pop- und Rockkonzerte über die Bühne. Freitags und samstags wird dann zu Musik von wechselnden DJs abgetanzt. Der Laden brummt. Kein Wunder, denn die Happy Hour geht bis 22 Uhr, und dann kosten 0,5 Liter Bier ab 5 Euro. Bei den famosen Jam-Sessions können die Gäste hier am Schlagzeug, der Gitarre oder am Mikro mit anderen Musikern improvisieren. Das Datum für diese Events wird auf der Website angekündigt. *Eintritt frei | Di–Do und So 18–2, Fr und Sa 18–6.30 Uhr | 123, avenue Jean-Jaurès | www.abracadabar.fr | M 5: Ourq | 19. Arr.*

ALIMENTATION GÉNÉRALE [146 C4–5]

Der Name täuscht! Alimentation Générale steht nicht wie sonst für ein Lebensmittelgeschäft, sondern für einen Schauplatz der Nacht. Einen Aperitif an der Bar trinken, im Restaurant speisen, bei Konzerten oder später in der Disco abtanzen können Sie hier. Der Laden ist nicht auf eine bestimmte Musikrichtung festgelegt, sondern Sie erwartet eine bunte Mischung aus Worldmusic, Electro, Rock, Funk, Soul, Hip-Hop und Disco. Die Einrichtung à la Flohmarkt trägt zur entspannten Atmosphäre bei. Auf dem Programm: erfreulich viele Gratiskonzerte, die auf der Webseite angekündigt werden. *Eintritt 0–10 Euro, Fr und Sa ab 22 Uhr 10 Euro (ein Getränk inklusive), ab 2 Uhr 10 Euro ohne Getränk | Mi, Do, So 19–2, Fr und Sa 19–5 Uhr | 64, rue Jean-Pierre-Timbaud | Tel. 01 43 55 42 50 | www. alimentation-generale.net | M 3: Parmentier | 11. Arr.*

BATOFAR [158 C3]

Ein außergewöhnlicher Ort für einen zu Recht sehr beliebten Club: Er befindet sich auf einem großen Schiff, das am Ufer der Seine vertäut und restauriert wurde. Das Restaurant bietet Fingerfood ab 7 Euro an. Wer sich satt essen will, zahlt deutlich mehr. Abends gibt's Rock und Elektro und Jazz. Der normale Eintritt für den aus dem üblichen Rahmen fallenden Club ist mit 5–15 Euro erschwinglich, die Konzerte kosten ab 15 Euro. *Herbst 2018 Neueröffnung nach Modernisierung | port de la*

Insider Tipp

💡 CLEVER!

› An der Seine in die Nacht tanzen

Kann es etwas Romantischeres geben, als an einem milden Sommerabend am Ufer der Seine zu tanzen, während beleuchtete Schiffe auf dem Wasser vorübergleiten? Das Gratisvergnügen begeistert alte und junge Pariser gleichermaßen. Ob Salsa, Tango, Rock'n'Roll oder Swing, alles wird geboten – und sobald die Musikanlagen angeschlossen sind, geht's auch schon los. Tanzen Sie mit! Oder lassen Sie sich in einem der drei kleinen Amphitheater am Ufer des Flusses nieder und schauen Sie wahren Könnern dabei zu, wie sie den Dreh raushaben. Eine Variante für Nichttänzer: Schließen Sie sich einem der spontanen Gratiskurse von erfahrenen Tanzlehrern an. Ob Sie nun als Paar oder mit der Familie kommen, dieser Abend wird Ihnen als einmaliges Paris-Erlebnis in Erinnerung bleiben! *Eintritt frei | Juni-Aug. (je nach Witterung) Mo–Fr ab 19, Sa und So ab 17 Uhr | quai Saint-Bernard | M 7, 10: Jussieu | 5. Arr.* [151 F5]

Gare gegenüber 11, quai François-Mauriac | Tel. 01 5360 37 85 | www.batofar.fr | M 6: Quai de la Gare | 13. Arr.

LA BELLEVILLOISE [147 E4]

Insider Tipp

In der äußerst populären, 2000 m² großen Kulturhalle im Osten von Paris finden auf den verschiedensten Ebenen Ausstellungen,  Gratiskonzerte, Discoabende und Ähnliches statt. Die vielen Pflanzen im Café (Brunch am Sonntagmorgen samt Jazz-Livekonzert für preisgünstige 29 Euro) und Restaurant (Hauptgericht ab 14 Euro) sowie die Aussichtsterrasse im Sommer lassen die Halle, die bereits 1877 durch die Pariser Kommune gegründet wurde, zu einem Ort bleibender Erinnerungen werden – und dies alles zu moderaten Preisen. *Konzerte frei bzw. ab 10 Euro | Mi, Do 19–1, Fr 19–2, Sa 11–2, So 11–24 Uhr | 19–21, rue Boyer | Tel. 01 46 36 07 07 | www.labellevilloise.com | M 2: Menilmontant | 20. Arr.*

LA DAME DE CANTON [158 C3]

Eine echte chinesische Dschunke, die auf der Seine in der Nähe der Nationalbibliothek angelegt hat, bietet den Rahmen für Konzerte und denkwürdige Clubabende. Die häufigen Liveauftritte, die hier auf dem Programm stehen, decken ein breites Musikspektrum von Chanson über Salsa und Jazz bis hin zu Rock ab. Besonders am Wochenende legen DJs auf, Erfrischungen gibt's auch an der Strandbar. Im Internet können Sie für viele Konzerte Karten für unter 10 Euro erstehen. An der Abendkasse ist der Eintritt ein paar Euro teurer. *Di–Do 19–24, Fr und Sa 19–2 Uhr | port de la Gare | Tel. 01 53 61 08 49 | www.damedecanton.com | M 6: Quai de la Gare | 13. Arr.*

LE DJOON [158 C3]

Fernab der Locations der Pariser Snobs, die durch *bling-bling* (also teure Marken und Glamour) angeben wollen, befindet sich dieser Club. Die Einrichtung erinnert an New Yorker Lofts, es dominieren House Music, Funk und Soul, aufgelegt von bekannten französischen und internationalen DJs. Am Wochenende können Sie hier bis in die frühen Morgen tanzen. Der Eintritt variiert je nach Veranstaltung. Oft sind die Karten im Vorverkauf günstiger. Vor dem Abtanzen können Sie hier auch noch etwas essen. Oder Sie schlendern vorher durch das angrenzende moderne Bercy-Viertel und stärken sich in einem der unzähligen Lokale, die sich dort finden. *Bar/Restaurant: Mi und Do 17–24, Fr und Sa 17–5 Uhr, Club: ab 23 Uhr | 24, boulevard Vincent-Auriol | Tel. 01 45 70 83 49 | www.djoon.com | M 6: Quai de la Gare | 13. Arr.*

FAVELA CHIC [146 B4]

Dieser Laden boomt schon seit Jahren, ist aber bei Paris-Touristen eher weniger bekannt. Vielleicht liegt es daran, dass der Club im Hinterhof liegt. Nicht nur die Wände sind peppig mit südamerikanischem Kitsch verziert. An den langen Tischen, die

Im Sommer schön grün: das Café der Kulturhalle La Bellevilloise

eher an eine Kantine erinnern, gibt es außerdem köstliche brasilianische Küche. Hauptgericht kosten ab 15 Euro, falls Sie Lust auf exotische Gerichte wie *feijoada* (Eintopf aus schwarzen Bohnen) oder *moqueca* (Fischeintopf) haben, macht das jeweils 18 Euro. Nach dem Essen werden die Tische zur Seite geräumt, damit die DJs mit ihrem abendlichen Werk beginnen und den Laden mit heißen Rhythmen zum Beben bringen können. Besonders am Wochenende ist immer große Party angesagt. Und auch wenn Fasching in Paris kaum eine Rolle spielt, ist es doch eine Verpflich-

tung gegenüber dem brasilianischen Karneval, am Fachingsdienstag *(mardi gras)* verkleidet hierher zu kommen. Dann geht's entsprechend heiß her! 🐷 Eintritt frei heißt es übrigens auch bei vielen der Konzerte. *Di–Sa Eintritt frei, Fr und Sa 15 Euro (inklusive Getränkegutschein) ab 23 Uhr | Di–Do 19.30–2, Fr und Sa 19.30–5 Uhr | 18, rue du Faubourg du Temple | Tel. 01 40 21 38 14 | www.favelachic.com | M 3, 5, 8, 9, 11: Republique | 11. Arr.*

L'INTERNATIONAL 🐷 [147 D4]

700 Gratiskonzerte pro Jahr. Rock, Hip-Hop, French Pop, Elektro oder

CLEVER!

> Dos & Don'ts im Pariser Nachtleben

Das Pariser Nachtleben wurde in den letzten Jahren vielen Restriktionen unterworfen, darunter vor allem auch einem strengen Lärmschutz. Was Sie sonst noch beachten sollten: Cafés und Bars schließen normalerweise zwischen 1 und 2 Uhr, dann fährt am Wochenende auch die letzte Metro. Trotzdem variieren die individuellen Öffnungszeiten sehr. Verschärft haben sich die Gesetze auch, was Alkohol und Zigaretten betrifft. An Jugendliche unter 18 Jahren darf kein Bier und Wein ausgeschenkt werden, das Rauchverbot gilt in allen Lokalen. Seitdem sind nachts und den ganzen Winter über für die Raucher Wärmepilze auf den Terrassen der Lokale in Betrieb. Manche Lokalbesitzer haben aber, nicht zuletzt wegen der Anwohnerproteste, auch auf den Freiluft-Spots ein Rauchverbot angeordnet – und das im Heimatland der Gauloise!

auch mal Experimentalmusik. Zwei bis vier Konzerte pro Abend fünf Tage die Woche. Coole Leute, gute Stimmung, am Wochenende zum Bersten voll. *Di und Mi 19–1, Do 19–3, Fr und Sa 19–6 Uhr | 5, rue Moret | www.linternatio nal.fr | M 2: Ménilmontant | 11. Arr.*

POP IN 🐷 [152 B1]

Anziehungspunkt für junge Rock-, Pop- und Folkfans, da es in der beliebten Bar (kleines Bier 0,25 l ab 1,50 Euro während der Happy Hour 18.30–21 Uhr, danach ab 3,20 Euro) auch nach Schließung des Konzertkellers weiterhin regelmäßig Gratiskonzerte gibt. Auch freitags und samstags, wenn DJs auflegen, ist der Laden gesteckt voll. *Tgl. 18.30–1.30 Uhr | 105, rue Amelot | Tel. 01 48 05 56 11 | www.popin.fr | M 8: Saint-Sébastien-Froissart | 11. Arr.*

REX-CLUB [145 D3]

In Sachen Techno-Party ist diese Adresse noch immer die Nummer 1 im Pariser Nachtleben. DJ Laurant Garnier hat hier in den 1990er-Jahren Techno in der Seine-Metropole hoffähig gemacht. Heute wird von den internationalen DJs auch Electro und Latin in der 400 m² großen Halle aufgelegt. Kauft man die Eintrittskarte auf *www.digitick.com,* wird es günstiger (Mi und Do 6,70 Euro, Fr und Sa 13,70 Euro). Mit den Getränken sollten Sie haushalten, der halbe Liter Bier kostet 11 Euro! *Mi–Sa 23.30/24 Uhr bis zur Morgendämmerung | 5, boulevard Poissoniére | Tel. 01 42 36 10 96 | www.rexclub.com | M 8, 9: Bonne Nouvelle | 2. Arr.*

TRUSKEL CLUB [145 D4]

Oben ein Pub, unten wird gerockt. Der kleine Konzertkeller ist immer populärer geworden. Mit ein bisschen Glück treffen Sie hier auf Stars wie Pete Doherty, Baxter Dury, Cold War Kids oder Franz Ferdinand. 🐷 Der Eintritt für den beliebten Club ist regulär frei, manchmal wird für spezielle Konzerte Eintritt verlangt. Im rustikalen Ambiente herrscht der Rock, manchmal auch etwas poppig oder elektronisch angehaucht. Auf der Tanzfläche kann es schnell voll werden, da lohnt sich die Erholung am Tresen: Ein kleines Bier kostet nur 3 Euro. In der Happy Hour von 19 bis 20 Uhr wird es nochmal einen Euro günstiger und ab 0.30 Uhr wiederum einen Euro teurer. *Di–Sa 19–5 Uhr | 12, rue Feydeau | Tel. 01 40 26 59 97 |*

www.truskel.com | M 8, 9: Grands Boulevards | 2. Arr.

ZÉRO ZÉRO [152 B1]
Klitzekleine Bar, in der die ganze Woche wechselnde DJs auflegen. Die Wände sind mit Graffiti beschmiert, die Atmosphäre ist feucht-fröhlich. Spezialität des Hauses: ein Gemisch aus Wodka und Ingwer, das den Namen der Bar trägt und Sie für 3,50 Euro Ihre Platzangst vergessen lässt. *Tgl. 18–2, Sa und So ab 20 Uhr | 89, rue Amelot | bei Facebook | M 8: Saint-Sébastien-Froissart | 11. Arr.*

JAZZKELLER

CAVEAU DE LA HUCHETTE [151 D3]

Insider Tipp

Schon das mittelalterliche Gewölbe dieses bekannten Jazzkellers ist sehenswert – in dem uralten Gemäuer trafen sich vor Jahrhunderten bereits die Tempelritter. Internationale Jazzmusiker geben hier bei häufig wechselndem Programm und fairen Preisen den Ton an. Perfekt, um noch 🐷 kostenlos eine Runde zu tanzen, wenn die umliegenden Bars um 2 Uhr schließen! *Eintritt 13 Euro, ab 2 Uhr gratis | Fr und Sa 15 Euro, Studenten 10 Euro (Bier ab 7 Euro) | tgl. 21–2.30, Fr und Sa bis 4 Uhr |*

5, rue de la Huchette | Tel. 01 43 26 65 05 | www.caveaudelahuchette.fr | M 4: Saint-Michel | 5. Arr.

SUNSET-SUNSIDE [151 E2]
Der Name deutet es bereits an: Das Sunset-Sunside besteht aus zwei Clubs, der eine dem Electric Jazz und der Weltmusik verpflichtet, der andere dem Acoustic Jazz. Zusammen gelten sie als *der* Jazztempel mitten im Zentrum. Im Gewölbekeller des Sunset – das Sunside kam erst nach Auflösung des Restaurants hinzu – waren bereits Größen wie Miles Davis, Herbie Hancock oder Wynton Marsalis zu Gast. Sonntags, montags und dienstags gibt es oft 🐷 Gratiskonzerte, dann heißt es allerdings, sich am Eingang in die lange Schlange der Gäste einzureihen. *Tgl. Konzerte, ab 20/21 Uhr | 60, rue des Lombards | Tel. 01 40 26 46 60 | www.sunset-sunside. com | M 1, 4, 7, 11, 14, RER A, B, D: Châtelet | 1. Arr.*

PARIS AUTHENTISCH
LE CAVERNE [150 C3]
Klein aber oho! Denn was Sie von draußen nicht sehen: Am Ende des langen, schmalen Raums im Erdgeschoss führt eine Treppe hinunter in

---

Bild: So und nicht anders muss eine Jazzinstitution aussehen – das Sunset-Sunside

einen urigen Gewölbekeller. Hier finden regelmäßig Gratiskonzerte statt, und am Wochenende können Sie bis in die frühen Morgen ausgelassen feiern. Von 18 bis 20.30 Uhr ist Happy Hour! Dann bekommen Sie ein großes Bier für 4 Euro und Cocktails für günstige 6 Euro. *Mi und Do 18–2 Uhr, Fr und Sa 18–6 Uhr | 21, rue Dauphine | Tel. 01 43 54 53 82 | www.lecavernclub.com | M 4, 10: Odéon | 6. Arr.*

LE CYRANO   [136 A5]

Goldene Mosaiken, Wandmalereien und Spiegel erinnern an vergangene Jahrhunderte, als Victor Hugo, der weltberühmte Schriftsteller und Publizist, noch hier saß. Er war allerdings nicht die einzige Berühmtheit, die in der Café-Bar im Lauf ihrer Geschichte ein- und ausging: Man Ray, Max Ernst, Salvador Dalí und viele weitere bekannte Zeitgenossen entspannten sich in der locker-anregenden Atmosphäre. Heute sind die üppig belegten warmen Baguettes mit Salat für 7,50 Euro, die hier mittags serviert werden, ein Markenzeichen. Abends werden herzhafte Käse- und Wurstplatten (ab 8 Euro) aufgetischt, und zum Herunterspülen gibt es Bier (0,5 l) und

Cocktails, zumindest während der Happy Hour (*18–21 Uhr*) für lappige 5 Euro. *Mo–Fr 9–1.30, Sa 14–1.30, So 16–24 Uhr | 3, rue Biot | Tel. 01 45 22 53 34 | M 2, 13: place de Clichy | 17. Arr.*

LE VIEUX BELLEVILLE   [147 D/E3]

Nicht weit vom Parc de Belleville entfernt bekommen Sie hier gute traditionelle französische Küche. Das Hauptgericht ab 16,95 Euro ist nicht ganz günstig, dafür gibt es manchmal jedoch nach dem Essen kostenlose Konzerte. Es werden alte französische Chansons dargeboten, und nach einer Weile singt der der ganze Saal mit, und zwar alle anwesenden Generationen. Das Mitsingen ist beabsichtigt und erwünscht, denn vor dem Auftritt werden die Liedtexte ausgeteilt. Hier können Sie also nicht nur Ihre Französischkenntnisse auffrischen, sondern auch authentische Stimmung mit den Stammgästen aus dem Stadtviertel erleben! Eine Reservierung ist zu empfehlen. *Mo–Fr 11–15, Mo–Sa 20–2 Uhr, Chansons zum Mitsingen Di, Do–Sa 20–2 Uhr | 12, rue Envierges | Tel. 01 44 62 92 66 | www. le-vieux-belleville.com | M 11: Pyrénées | 20. Arr.*

CLEVER!

> *Paris by night: etablierte In-Viertel und Hotspots*

In einer Stadt wie Paris sind sogenannte In-Viertel oft sehr kurzlebig, und es ist bei der Entwicklung fast immer dasselbe Phänomen zu erleben: Erst wohnen einfache Leute in den Vierteln, wegen des günstigen Mietspiegels gesellen sich Studenten und Künstler dazu. Ab jetzt werden diese Orte attraktiv für die ganze Stadt: Bars schießen wie Pilze aus dem Boden, bis sie sich wegen zunehmender Nachfrage verteuern und die Künstler und Studenten wieder abziehen. So hat sich Saint-Germain-des-Prés, die Hochburg der Szene der 1960er, längst zum Touristenviertel mit teilweise viel Nepp entwickelt. Trotzdem lässt sich dort das nostalgische Flair erahnen, trotzdem finden Sie noch interessante Jazzkeller (Caveau de la Huchette, *S. 94*), und trotzdem gibt es dort noch nette Studentenkneipen, schließlich ist die Universität Sorbonne auch nicht weitergewandert. Eine ähnliche Entwicklung hat die Gegend um den Montmartre erlebt, die mit dem Kabarett Moulin Rouge schon Ende des 19. Jhs. ihren Aufstieg nahm. Während am Fuß des Bergs, am boulevard de Cli-chy, mit abblätternder Verruchtheit ein Geschäft gemacht wird – nette Cafés wie das Le Cyrano *(S. 96)* ausgenommen –, existiert der Charme des Künstlerviertels noch immer, zu überteuerten Preisen natürlich. Aber der Ausblick von den Treppen von Sacré-Cœur bleibt nun mal fantastisch und das Straßenmusikerprogramm bunt und witzig! Die Champs-Élysées und die Gegend um die place de la Concorde sind eigentlich nur Touristen mit gut gefüllten Geldbeuteln anzuraten. Wer sich mehr unter französisches und jüngeres Publikum begeben will, sollte sich östlich orientieren: Das Marais ist mittlerweile recht edel und dementsprechend teuer geworden. Es ist aber immer noch lebendig, und besonders schwule Paris-Besucher werden sich in die Gegend um die rue Verriere begeben wollen. Noch weiter östlich, in der Gegend um die Bastille, tobt besonders in der rue de Lappe das Leben: Ausgezeit ist hier zwischen 22 Uhr und Morgengrauen. In den in der Nähe liegenden Lofts, die früher Werkstätten waren, haben sich sogenannte „Neue Kreative" niedergelassen.

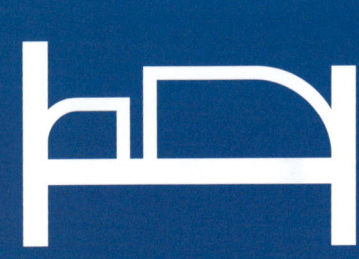

> **Hostels in Prachtvillen, teure Hotels mit flexiblen Rabatten: Pariser Nächte müssen nicht teuer sein**

Über 30 Millionen Touristen besuchen Paris im Jahr – ein gefundenes Fressen für die Hotels, durchschnittlich kostet eine Übernachtung stolze 164 Euro. Doch das muss nicht sein, es gibt Alternativen: Mieten Sie zum Beispiel Ferien- oder Privatwohnungen und versorgen Sie sich selbst. Auch die Jugendherbergen sind in Paris nicht selten in wunderschönen, alten Palais untergebracht, liegen sehr zentral und bieten auch Doppelzimmer. Ähnlich sieht es bei den Hostels aus, wo die Nächte im Mehrbettzimmer schon ab 30 Euro zu haben sind. Sie möchten ein Zimmer mit eigenem Bad? Auch hier gibt es Schnäppchen zwischen 55 und 90 Euro in Häusern, die sich gepflegt präsentieren. Da in Paris eine sehr flexible Preispolitik herrscht, können Sie je nach Saison selbst in Spitzenhäusern attraktive Rabatte ergattern, am besten über Buchungsportale im Internet – aber selbst Handeln kann erfolgreich sein. Als Faustregel gilt, dass der Pariser Westen und das Zentrum teurer sind als der Osten und der Stadtrand. Eine zentrale Lage ist aber zu empfehlen, da Metro- und RER-Fahrten wertvolle Urlaubszeit und Geld kosten. Auch fahren die Bahnen unter der Woche nur bis 0.30 und am Wochenende bis 1.30 Uhr.

SCHLAFEN

FERIENWOHNUNGEN

Ferienwohnungen machen auch in Metropolen wie Paris den Urlaub günstiger: Die Übernachtung kostet im Vergleich weniger, außerdem können Sie in den „eigenen" vier Wänden selber kochen, statt immer teuer essen gehen zu müssen. Wenn keine großen Vermittlungsagenturen dahinter stecken, schonen Sie zusätzlich Ihre Urlaubskasse.

DIE FERIENWOHNUNGEN
VON BERTRAND   [136/137 C–D2]

Total durchgeknallt! Hier ist die Toilette schon mal in einer alten Telefonzelle, der Kronleuchter ist aus Tennisbällen, das Bett in einer Ente, und gegessen wird auf der Ladefläche eines Minitransporters. Die fünf kunterbunten Ferienwohnungen für ein bis sieben Personen von Bertrand de Neuville, der übrigens Deutsch spricht, liegen alle im Norden der Stadt, nicht weit weg von Montmartre und dem Flohmarkt von Saint-Ouen. Und das Beste: Der Preis beträgt ca. 71–190 Euro pro Nacht, je nachdem, wie lange Sie bleiben und zu wie vielen Sie antanzen. *12, rue Gustave Rouanet | Tel. 06 63 19 19 87| www.paris-champion.de, www.paris-circus.de und www.chez bertrand.com | M 4: Porte de Clignancourt | 18 Arr.*

PÉNICHE JOHANNA   [150 A/B 1/2]

Die Seine und ihre Brücken machen den Flair von Paris aus. An den Uferpromenaden liegen teilweise maleri-

sche Hausboote, in denen man zu erschwinglichen Preisen wohnen kann. Die *péniche* (Frachtkahn) Johanna liegt wenige Meter vom Musée d'Orsay auf der Seine. Die zwei kleinen Kabinen mit Küche, Wohnzimmer und Bad sind geschmackvoll in hellem lackiertem Holz gehalten. Sie sind funktionell und natürlich winzig, aber das ist man ja von hiesigen Hotelzimmern gewohnt. Für Pariser Verhältnisse sind 110 Euro pro Nacht für zwei Personen fair – origineller und zentraler können Sie nicht wohnen! *Port de Solférino | Quai Anatole France | Tel. 01 45 51 60 83 | www.bateau.johanna.free.fr | M 12: Assemblée Nationale | 7. Arr.*

WOHNUNG AM MONTMARTRE: PERLEA [136/137 C/D4]

Die deutsche Besitzerin hat sich hier in Sachen Raumgestaltung als wahre Künstlerin gezeigt. Es ist kaum zu glauben, dass die Wohnung, die sich in ruhiger Lage zwischen einer Kunstgalerie und einem begrünten Hof befindet, nur 13 m² groß sein soll, so modisch-frisch und geschmackvoll ist sie gestaltet. Und das auch noch am Montmartre, in romantischster Lage! Wochenpreis für zwei Personen: 420 Euro. *www.ferienwohnung paris.com/ferienwohnungen-paris/ perlea | M 12: Jules Joffrin | 18. Arr.*

HOTELS

HÔTEL DES ARTS [136 B5]

Einladendes 3-Sterne-Hotel mit gemütlichen Zimmern in warmen Farben. Schon die rote Holztäfelung an der kleinen ruhigen Straße wirkt einladend. Am Fuß des Montmartre ist eine Nacht im Doppelzimmer für 90 Euro bei diesem Standard preiswert. Die dekorativen Wandmalereien in Treppenhaus und Gängen, die Sacré-Cœur und Moulin Rouge zeigen, sind wie der Hotelname eine Hommage an das umgebende Künstlerviertel. Erstaunlich ist auch das für französische Verhältnisse reichhaltige Frühstück mit Säften, Eiern, Käse, Joghurt und Müsli. *50 Zi. | 5, Rue Tholozé | Tel. 01 46 06 30 52 | www.arts-hotel-paris.com | M 2: Blanche | 18. Arr.*

HÔTEL BOILEAU [0]

Gepflegtes Hotel im eleganten 16. Arrondissement. Die Zimmer sind alle gediegen eingerichtet, besonders besticht auch der lichtdurchflutete Frühstücksraum mit Blick auf den Garten.

Mit etwas Glück finden Sie schon Doppelzimmer ab 75 Euro. *31 Zi. | 81, rue Boileau | Tel. 01 42 88 83 74 | www.hotel-boileau.com | M 9: Exelmans | 16. Arr.*

COSMOS HÔTEL [146 C5]

Günstig, gemütlich und direkt im Ausgehviertel um Oberkampf und Bastille. Dieses Hotel ist nicht nur ideal für Nachteulen und Partygänger, hier gibt es Komfort zum kleinen Preis. Die Einrichtung ist modern und schlicht, der Empfang sehr herzlich.

Die Zimmer sind teilweise klein, aber sauber. Das Doppelzimmer kostet regulär nur 74–84 Euro (je nach Größe), ein Dreibettzimmer 96 Euro und ein Vierbettzimmer nur 100 Euro. *36 Zi. | Doppelzimmer ab 74 Euro | 35, rue Jean-Pierre Timbaud | Tel. 01 43 57 25 88 | www.cosmos-hotel-paris.com | M 3: Parmentier | 11. Arr.*

HÔTEL DU CYGNE [151 E1]

Mitten im Herzen von Paris, zwischen Centre Pompidou und Châtelet, liegt das kleine, familienbetriebene und

So kann man sich die Schnäppchen-Übernachtung gefallen lassen: Hôtel Boileau

für die Lage äußerst günstige *hôtel de charme*. Die Einrichtung wurde mit viel Fingerspitzengefühl in die alten Holzbalken des mittelalterlichen Gebäudes eingefügt, was der Herberge den netten Charakter einer Puppenstube verleiht. Auf einen Lift müssen Sie allerdings verzichten. Wenn Sie ein Zimmer per Internet buchen, können Sie mit deutlichen Rabatten rechnen! *20 Zi. | Doppelzimmer (bei Internetbuchung je nach Saison und Nachfrage) ab 76 Euro | 3–5, rue du Cygne | Tel. 01 42 60 14 16 | www.hotelducygne.fr | M4: Étienne Marcel | 1. Arr.*

ELDORADO [136 A5]

Hier müssen Sie schnell sein – und auch noch ein Quäntchen Glück haben. Aber wenn Sie es geschafft haben, in diesem Hotel ein Zimmer zu

CLEVER!

› Zu Gast in Pariser Haushalten

Nicht nur Airbnb bietet Alternativen, wenn Sie keine Lust auf einen Hotelaufenthalt haben. Warum nicht ein Wohnungstausch? Viele Pariser stellen ihre Wohnungen auf Internetportale wie *www.haustauschferien.com* oder *www.guesttoguest.de*. Das hat den Vorteil, dass sie dann auch gleich die Frage geklärt hätten, wer sich während ihres Parisaufenthalts um ihre Katze kümmert. Oder würden Sie gerne Pariser kennenlernen? Dann buchen Sie doch einfach ein Zimmer in einem Bed & Breakfast. Auch hier empfiehlt es sich, im Internet nach dem passenden Zimmer in einem ansprechenden Haus oder dem gewünschten Viertel zu suchen. Interessante Websites sind zum Beispiel *www.bed-and-breakfast-in-paris.com*, *www.2binparis.com*, *www.francelodge.fr* oder *www.chambre-ville.com*. Im Sommer, wenn die Pariser Studenten durch die Welt tingeln, können Studenten und Forscher sich günstig in ihren Wohnheimen einquartieren. Super zentral gelegen ist das Maison des mines et des ponts der Elitehochschule MINES ParisTech (*www.maisondesmines.com*). Ob in den Wohnheimen des französischen Studentenwerks Crous etwas frei ist, erfahren Sie auf der Website Bed & Crous: *www.bedandcrous.com*.

bekommen, dann wohnen Sie absolut fantastisch am Fuß des Montmartre. Die Herberge punktet mit ihrer liebevoll-witzigen Einrichtung im Ethnostil, zum Hotel gehört außerdem die sehr beliebte Weinbar Le Bistrot des Dames mit einem wunderschön begrünten Innenhof. *33 Zi. | Doppelzimmer ab 50 Euro mit Gemeinschaftsdusche und -WC, ab 80 Euro Zimmer mit Bad. | 18, rue des Dames | Tel. 01 45 22 35 21 | www.eldoradohotel.fr | M 2, 13: place de Clichy | 17. Arr.*

L'ERMITAGE SACRÉ-CŒUR [136 C3]

Dieses Gästehaus ist ein echter Geheimtipp für Romantiker oder Paare, die etwas zu feiern haben! Die nette ältere Besitzerin hat das edle Napoleon-III-Gebäude, das fast wie ein kleines Schlösschen wirkt, mehr als liebevoll eingerichtet. Blümchenmuster aus einer anderen Zeit sind auf die Bettwäsche abgestimmt und passen bestens zu den Antiquitäten der wohnlichen Zimmer. Ein Doppelzimmer ist ab 110 Euro zu bekommen. *3 Zimmer und 3 Apt. | 24, rue Lamarck | Tel. 01 42 64 79 22 | www.ermitagesacrecoeur.fr | M 12: Lamarck – Caulaincourt | 18. Arr.*

HÔTEL DE LA HERSE D'OR [152 B3]

Nachts bis in die Puppen abtanzen und nach wenigen Schritte gleich ins Bett fallen: In diesem Hotel ist das möglich, da es mitten im Amüsierviertel Bastille liegt. Einfach, aber liebevoll eingerichtet weisen zwar manche Zimmer auf die belebte Straße, die Hälfte der Räume hat dafür Gartenblick. Wenn Sie das Hotel online reservieren, wird's günstiger: Doppelzimmer teilweise ab 79 Euro. *29 Zi. | 20, rue Saint-Antoine | Tel. 01 48 87 84 09 | www.parishotelherseor.com | M 1, 5, 8: Bastille | 4. Arr.*

HÔTEL JARDIN DE VILLIERS [135 E5]

Charmantes kleines 3-Sterne-Hotel mit herrlichem Innengarten und einem Fitnessraum. Das Frühstücksbüfett wird auf der Veranda eingenommen, aber auch im Zimmer oder im Garten serviert. Das Hotel ist eine echte Entspannungsoase vom Großstadtstress, dabei liegt es in der Nähe des eleganten Parc Monceau und damit nur etwa sieben Metrominuten von der Opéra Garnier entfernt. Bei der Buchung im Internet können Sie das Doppelzimmer mit etwas Glück schon ab ca. 75 Euro ergattern. *26 Zi. | 18, rue Claude Pouillet | Tel.*

Funktional, aber günstig und sehr zentral gelegen: L'Ouest Hôtel

01 42 67 15 60 | www.jardindevilliers. com | M 2, 3: Villiers | 17. Arr.

LUX HÔTEL PICPUS [153 F5]

Dieses gut in Schuss gehaltene Haus im Osten der Stadt ist der ideale Ausgangspunkt, um sich ins Nachtleben im Oberkampfviertel zu stürzen. Außer-

dem gibt es in der sechsten Etage auch ein Familienzimmer für bis zu 4 Personen. Für französische Verhältnisse wird ein üppiges Frühstücksbüfett (9 Euro) angeboten. Da müssen Sie tagsüber bei Ihren Ausflügen in die Stadt nur einen Snack einplanen! Das Disneyland Resort Paris ist von hier aus mit dem RER

HÔTEL DE NESLE [150 C3]

Ein verwunschener Garten, Zimmer, die Theaterkulissen gleichen, und ein Eingangsbereich wie im Hexenhäuschen. Dies ist ein Hotel, das man nicht beschreiben, sondern nur erleben kann. So gibt es Räume mit Ethnothemen, in denen alles genau aufeinander abgestimmt ist, oder welche, die von Molière-Stücken inspiriert sind. Wenn Sie Glück haben, bekommen Sie sogar das Zimmer mit Hamam – und das mitten in Saint-Germain-des-Prés! *18 Zi. | Doppelzimmer ab 85 Euro | 7, rue de Nesle | Tel. 01 43 54 62 41 | www. hoteldenesleparis.com | M 4, 10: Odéon | 6. Arr.*

L'OUEST-HÔTEL [144 A2]

Das funktional-gediegene 3-Sterne-Haus wartet mit den für Paris in dieser Kategorie üblichen kleinen Zimmern auf. Einziges Manko für Empfindliche ist der Umgebungslärm durch das benachbarte Restaurant. Wenn man sich aber durch so etwas nicht stören lässt, ist man in diesem sehr zentral am Bahnhof Gare Saint-Lazare gelegenen Hotel gut aufgehoben. *50 Zi. | Doppelzimmer mit Dusche ab 80 Euro, je nach Saison und*

A in weniger als einer Stunde zu erreichen, falls der Vergnügungspark auf der Liste Ihrer Unternehmungen steht. *38 Zi. | Doppelzimmer ab 67 Euro, Familienzimmer 92 Euro | 74, boulevard de Picpus | Tel. 01 43 43 08 46 | www.lux-hotel-picpus.com | M 6: Picpus | 12. Arr.*

Nachfrage | 3, rue du Rocher | Tel. 01 43 87 57 49 | www.ouest-hotel-paris.com | M 9, 12, 13, 14: Saint-Lazare | 8. Arr.

HÔTEL PALACE [145 F4]

Nun, ein Palast ist dieses Hotel nicht wirklich. Dennoch bietet es eine annehmbare Bleibe – und was will man schon verlangen bei diesem nicht nur für die Seine-Metropole ausgesprochen niedrigen Tarif: Das Doppelzimmer ist tatsächlich schon ab 38 Euro zu haben! Wenn Sie sich abends viel im Ausgehviertel um die Metrostation Republique tummeln möchten und das Zimmer eher als Schlafplatz ansehen, dann können Sie mit diesem unschlagbaren Angebot gut leben. *32 Zi. | Doppelzimmer mit WC 38 Euro, mit Dusche und WC 68 Euro, Frühstück 7 Euro | 9, rue Bouchardon | Tel. 01 40 40 09 45 | M 4, 8, 9: Strasbourg – Saint-Denis | 10. Arr.*

HÔTEL PRATIC [151 F3]

Kleines 2-Sterne-Hotel im Herzen des Marais. Man glaubt dem Besitzer sofort, wenn er erzählt, dass schon einige Filmszenen mit Aussicht aus den Fenstern dieses Hotels gedreht wurden. Der Blick fällt nämlich auf die ruhige und idyllische place du Marché Sainte-Catherine. Die Zimmer in dem alten Palais sind klein, dafür aber ordentlich und geschmackvoll ausgestattet. Auch das Personal ist ausgesprochen freundlich. „Praktisch", wie der Hotelname sagt, sind auch die kurzen Wege zu allen Sehenswürdigkeiten von Paris. *23 Zi. | Doppelzimmer mit Dusche ab 88 Euro, je nach Saison und Nachfrage | 9, rue d'Ormesson | Tel. 01 48 87 80 47 | www.pratichotelparis.com | M 1: Saint-Paul | 4. Arr.*

Insider Tip

HÔTEL SAINTE-MARIE [145 E4]

Das einfache 1-Sterne-Hotel mit seinem dem Preis entsprechenden Basisstandard liegt ziemlich zentral in der Nähe der Grands Boulevards. Trotzdem ist die Straße im Herzen des Sentier-Viertels relativ ruhig, außerdem werden Sie hier von freundlichem Personal begrüßt. *19 Zi. | Doppelzimmer mit Dusche ab 59 Euro, je nach Saison und Nachfrage | 6, rue de la Ville-Neuve | Tel. 01 42 33 21 61 | www.hotel-saintemarie-paris.com | M 8, 9: Bonne-Nouvelle | 2. Arr.*

SOLAR HÔTEL [156 B3]

Noch immer eines der wenigen Hotels in Paris, das ökologisch ausgerichtet ist. Im netten kleinen Garten kann sowohl das Biofrühstück als auch mitgebrachtes Mittagessen verzehrt werden. Dank der familiären Atmosphäre werden Sie sich hier sofort heimisch fühlen. 🐷 Computer mit Internetanschluss sowie Fahrräder stehen zur freien Verfügung. Die Übernachtung im Doppelzimmer kostet inklusive Frühstück 89 Euro pro Nacht. *34 Zi. | 22, rue Boulard | Tel. 01 43 21 08 20 | www.solarhotel.fr | M 4, 6, RER B: Denfert-Rochereau | 14. Arr.*

HÔTEL TIQUETONNE [145 E5]

Eines der wohl günstigsten Hotels der Stadt. Trotz der äußerst zentralen Lage ist aber nächtliche Erholung garantiert – weil es im Hof und in der Fußgängerzone schön ruhig ist. Ein einfaches Doppelzimmer mit Waschbecken gibt es hier schon ab 65 Euro. Das Frühstück wird mit 7 Euro extra berechnet. Auch wenn das Hotel immerhin 46 Zimmer aufweist, sollten Sie bei diesem Angebot möglichst frühzeitig reservieren. *6, rue Tiquetonne | Tel. 01 42 36 94 58 | www.hoteltiquetonne.fr | M 4: Étienne Marcel | 2. Arr.*

ZAZIE HOTEL [153 D5]

Auf den ersten Blick könnte man meinen, ein ganz normales 2-Sterne-Hotel, in dem es sich gut und günstig übernachten lässt. Das ist aber noch nicht alles! Wenn Sie hier einchecken, tun Sie nicht nur sich und Ihrem Geldbeutel etwas Gutes, sondern finanzieren mit dem Geld für Ihr Hotelzimmer auch noch ein gemeinnütziges Projekt. Stichwort: solidarischer Tourismus. Denn im Zazie Hotel werden ganz gezielt Menschen beschäftigt, die in Schwierigkeiten stecken. *20 Zi. | Doppelzimmer ab 79 Euro | 3, rue Chaligny | Tel. 01 46 28 10 20 | www.zaziehotel.paris | M 1, 8: Reuilly Diderot | 12. Arr.*

JUGENDHERBERGEN & HOSTELS

AUBERGE DE JEUNESSE ADVENIAT [143 D4/5]

Am freundlichen Empfang wird darauf hingewiesen, dass es sich hier nicht um ein Hotel handelt – es fällt allerdings schwer, das zu glauben! Besonders im gepflegt-eleganten Foyer

mit Bibliothek und geschmackvoller indirekter Beleuchtung. Das Ambiente dieser Jugendherberge unter katholischer Leitung erweckt durchaus den Eindruck eines 3-Sterne-Hotels, zumal es darüber hinaus auch noch im nobelsten Teil von Paris in der Nähe der Champs-Élysées liegt. 30 der 77 Betten sind in Doppelzimmern untergebracht, ansonsten befinden sich bis zu sechs Betten in einem Schlafsaal – jeder ist mit Dusche und WC ausgestattet. Sie können hier auch selbst kochen oder Wäsche waschen, Internet und WLAN gehören ebenfalls zur Ausstattung. Zum Entspannen gibt es eine Art Pianobar und eine Terrasse mit Blick auf den Garten.

Zugelassen ist die Jugendherberge für alle Altersgruppen, Voraussetzung ist nur ein Jugendherbergsausweis (5 Euro vor Ort). Es gibt zwar eine schöne Kapelle und es werden Aktivitäten angeboten, die teilweise christlich-sozial motiviert sind, aber eine Teilnahme ist keine Pflicht, und es werden auch keinerlei entsprechende Erwartungen formuliert. Zugleich wird ein interessantes, allgemein-kulturelles Programm unverbindlich angeboten. Eine Besonderheit müssen Sie beachten: Das Haus ist zwischen 11 und 16 Uhr geschlossen, dafür gibt es aber abends keine Sperrstunde. *36 Euro pro Person, inklusive Frühstück | 10, rue Francois-1er | Tel. 01 77 45 89 10 | www.adveniat-paris.org | M 1, 13: Champs-Élysées – Clemenceau | 8. Arr.*

BVJ LOUVRE [151 D1]

Zentraler geht's nicht als in dieser durchgängig geöffneten Jugendherberge mit ihrem freundlich ausgeleuchteten Eingangsfoyer. Von hier aus sind Sie innerhalb von drei Minuten bei Les Halles, dem Hauptknotenpunkt der Metro, von wo aus sich alles schnell erreichen lässt. Zum Louvre, Centre Pompidou und Palais Royal sind es jeweils zu Fuß weniger als zehn Minuten. Jugendherbergsausweis sowie Altersbegrenzung spielen keine Rolle. *Ab 19 Euro pro Person inklusive Frühstück | 20, rue Jean-Jaques Rousseau | Tel. 01 53 00 90 90 | www.bvjhotel.com | M 1, 4, 7, 11, 14, RER A, B, D: Châtelet – Les Halles | 1. Arr.*

HÔTEL MIJE FOURCY [151 F3]

In einem wunderschönen Palais aus dem 18. Jh. mit einem großen baum-

Bild: Wow, so sieht es in der Auberge de Jeunesse Adveniat aus, einer Jugendherberge!

bestandenen Innenhof befindet sich diese Jugendherberge. Zwischen dem quirligen Marais und den Seine-Inseln gelegen, ist sie der ideale Ausgangspunkt für ausgedehnte Touren ins Pariser Nachtleben. Im herrschaftlichen Gewölbesaal wird zudem ein Abendessen für einen echten Sparpreis von 12,50 Euro serviert. Die Ein- bis Zehnbettzimmer dagegen sind eher schlicht, und die Toiletten befinden sich auf dem Gang. Eine Jahresmitgliedschaft schlägt mit 3 Euro zu Buche. *Ab 35,50 Euro pro Person im Mehrbettzimmer, inklusive Frühstück | 6, rue Fourcy | Tel. 01 42 74 23 45 | www.mije.com | M 1: Saint-Paul | 4. Arr.*

OOPS HOSTEL [157 E3]

Oops! Über diese Herberge sollte man wirklich stolpern: Zu Recht definiert sich dieses Haus sowohl als Budget- als auch als Designhostel – zwei Aspekte, die sich zumindest in diesem Fall erfreulicherweise nicht widersprechen. Zudem ist die Lage – das Haus ist nur zehn Minuten von der beliebten rue Mouffetard entfernt – tatsächlich ideal. Das Hotel hat mehr als 40 Zimmer mit insgesamt 100 Betten, im Angebot sind neben

Insider Tipp

Doppelzimmern auch Zimmer mit bis zu 4 Betten. *Bett im Vierbettzimmer ab 27 Euro, Doppelzimmer ab 70 Euro | 50, avenue des Gobelins | Tel. 01 47 07 47 00 | www.oops-paris.com | M 7: Les Gobelins | 13. Arr.*

LES PIAULES [146 C4]

Bevor Matthieu, Damien und Louis ihr eigenes Hostel mit 162 Betten im coolen Nordosten von Paris eröffneten, sind sie selbst als Backpacker um die Welt gereist. Ihre Erfahrungen flossen in die Konzeption der Stockbetten mit Vorhängen, Schließfächern und Steckdosen zum nächtlichen Handyaufladen ein. An der Bar gibt es lokale Produkte zu erschwinglichen Preisen, wie in der Nachbarschaft gerösteten Kaffee für 1,50 Euro die Tasse. Von der Dachterrasse haben Sie einen tollen Blick auf die Stadt, und das Ganze gibt es ab etwas über 20 Euro für ein Bett im 8er-Zimmer. *59, boulevard de Belleville | Tel. 01 43 55 09 97 | www.lespiaules.com | M 2: Couronnes | 11. Arr.*

ST CHRISTOPHER'S PARIS HOSTEL [138/139 C/D4]

Großes, modern eingerichtetes 300-Betten-Haus der internationalen Hostelkette. Zwar etwas außerhalb, dafür nett am canal de l'Ourcq (Nähe Parc de la Villette) gelegen, bietet es alles, was Travellerherzen höher schlagen lässt: kontinentales Frühstück mit allem Drum und Dran (selten in Paris), Abendprogramm in der Bar (*www.belushis.com/bars/paris/canal*) und eine Extraetage für Frauen. Die Mehrbettzimmern wahren Privatsphäre, da jedes Bett eigenes Licht und zuziehbare Vorhänge aufweist. Das Bett kostet je nach Schlafsaalgröße ab 19,80 Euro. Für Paare gibt es Doppelzimmer ohne eigenes Bad für 33,50 Euro pro Person und mit Bad für 43,50 Euro pro Person. *159, rue de Crimée | Tel. 01 40 34 34 40 | www. st-christophers.co.uk/paris-hostels/ canal | M 7: Crimée | 19. Arr.*

WOODSTOCK HOSTEL [145 D1]

Fünf Minuten von der Treppe in Sacré-Cœur, wo es abends hoch hergeht, liegt dieses gesellige Hostel. Die Küche bietet WG-Atmosphäre mit internationalem Publikum. Auch im netten Ambiente des kleinen, begrünten Hofs werden schnell Kontakte geschlossen und Reiseerfahrungen ausgetauscht. Das Doppelzimmer kostet 58,99 Euro, einen Schlafplatz im Sechsbettzimmer gibt es ab 23,40 Euro, jeweils inklusive Frühstück. Die – einigermaßen sauberen – Duschen befinden sich auf der Etage. *48, rue Rodier | Tel. 01 48 78 87 76 | www.woodstock.fr | M 2: Anvers | 9. Arr.*

ZELTEN

CAMPING MAISONS LAFFITTES [0] Insider Tipp

Wenn schon campen, dann in der freien Natur und nicht inmitten des Grüngürtels der Millionenmetropole: Dieser Campingplatz in der Umgebung von Paris liegt nicht nur sehr idyllisch an der Seine, Sie brauchen nur zehn Minuten zu Fuß ins Zentrum des schmucken Königstädtchens Maisons-Laffitte mit wunderschönem Schloss. Von dort haben Sie auch Anschluss an die S-Bahn RER A *(ca. 6 Züge pro Stunde)* und befinden sich in 20 Minuten im Zentrum von Paris. Mit der gleichen Bahn sind Sie in etwas mehr als einer Stunde im Disneyland Resort. Bis Versailles sind es ca. 20 km. Zwei Personen mit Zelt und Auto zahlen pro Nacht je nach Saison ab 19 Euro, im Sommer ab 35 Euro. *1, rue Johnson | Tel. 01 39 12 21 91 | www.mai sonslaffitte.net/campinginternational. htm | RER A: Maisons-Laffitte*

L'HOTEL [150 C2]

Kleines, aber feines Hotel hinter der Kunstakademie, in dem lange Zeit Oscar Wilde residierte. Der Designer Jacques Garcia hat Restaurant und Zimmer sehr eindrucksvoll-theatralisch gestaltet. Pool und Hamam sind im Gewölbekeller. Auf der Webseite gibt es Preisnachlässe von bis zu 15 Prozent. Dann, zahlen Sie für das Zimmer „Bijoux" 365,50 statt 430 Euro, Frühstück inklusive. *15 Zi., 4 Suiten, 1 Apt. | 13, rue des Beaux Arts | Tel. 01 44 41 99 00 | www.l-hotel.com | M 4: Saint-Germain-des-Prés | 6. Arr.*

OFF PARIS SEINE [158 B1]

Das erste Pariser Hotel, das auf der Seine schwimmt. Stylish, modern, mit viel Me-

Schlafen auf dem Fluss: im In-Hotel Off Paris Seine

LUXUS LOW BUDGET

tal, Glas, Holz und einem kleinen Pool, am Seine-Ufer vor der Gare d'Austerlitz, dem neuen Pariser In-Spot. Nichts für Lärmempfindliche, denn das Hotelschiff hat seinen Anker direkt an der Partymeile geworfen. Perfekt, wenn Sie nach einer durchgefeierten Nacht direkt ins Bett fallen möchten. Je nach Saison und Nachfrage zahlen Sie mit etwas Glück im Internet für ein Doppelzimmer in diesem 4-Sterne-Hotel nur an die 120 Euro. *54 Zi. und 4 Suiten | 20–22, Port d'Austerlitz | Tel. 01 44 06 62 66 | www.offparisseine. com | M 5, 10, RER C: Gare d'Austerlitz | 13. Arr.*

PAVILLON DE LA REINE [152 A3]

Mitten im quirligen und wohl schönsten Viertel direkt an der place des Vosges befindet sich dieses 4-Sterne-Haus. Gechillter können Sie es nicht haben, denn vor dem Eingang liegt ein Garten mit begrünter Hauswand, das Spa tut sein Übriges. In mauen Zeiten bekommen Sie das Doppelzimmer schon mal für knapp 300 Euro anstelle von über 500 Euro, allerdings ohne Frühstück. Wenn Sie Glück haben, wird Ihr Zimmer „up-

gegradet". *41 Zi., 14 Suiten | 28, place des Vosges | Tel. 01 40 29 19 19 | www. pavillon-de-la-reine.com | M 1, 5, 8: Bastille | 3. Arr.*

TRIANON PALACE [157 F3]

Ohne zu übertreiben: In diesem Hotel werden Sie sich fühlen wie Marie Antoinette, die sich hier einst nebenan im Petit Trianon vergnügte. Vom Hotel aus ist das kleine Lustschloss im Park von Versailles in ein paar Schritten zu erreichen. Das herrschaftliche Trianon Palace gibt sich ganz im modernen Chic und kostet normalerweise ein Vermögen, es sei denn Sie haben Glück und ergattern im Internet ein Schnäppchen. Denn wenn die Nachfrage gerade mal nicht so groß ist, ist das Doppelzimmer manchmal schon ab 239 Euro zu haben! Vielleicht planen Sie ja sowieso einen Besuch des Schlosses von Versailles? Und mit der RER (Linie C) oder dem Zug sind es nur rund 35 Minuten ins Zentrum von Paris. *199 Zi., 17 Suiten | 1, boulevard de la Reine | Tel. 01 30 84 50 00 | www.trianonpalace.fr | RER C: Versailles–Chantiers*

> Spannende Museen, außergewöhnliche Parks und 704 Stufen auf den Eiffelturm – ein Fest für Kinder

Eine Großstadt mit Kindern zu besuchen ist eine Herausforderung. In Paris ist das nicht anders. Und dennoch bietet die Metropole auch ihren kleinen Besuchern jede Menge spannende Erlebnisse zu kleinen Preisen. Da wären zum einen die vielen grünen Parks, in denen sich der Bewegungsdrang Bahn brechen kann. Dazu kommen Erlebnisspielplätze wie im Parc de la Villette *(S. 116)*, der Schmetterlingsgarten im Parc Floral *(S. 116)* oder der Jardin d'Acclimation, ein Freizeitpark im Bois de Boulogne *(S. 115)*. Größere Kinder werden Museen wie die ägyptische Abteilung des Louvre *(S. 120)*, das interaktive Naturkundemuseum im Jardin des Plantes *(S. 123)* oder das Völkerkundemuseum Musée du Quai Branly – Jacques Chirac *(S. 124)* spannend finden, während sich die Eltern über den freien Eintritt für ihre Kids freuen. Sogar im teuren Disneyland Resort Paris kann man Geld sparen *(S. 126)*. Und dass man mit dem Nachwuchs auf den Eiffelturm *(S. 119)* muss, versteht sich von selbst. Wer die 704 Stufen bis zur zweiten Etage bewältigt, wird mit dem Stolz auf seine Leistung und einem grandiosen Ausblick belohnt. Das ist spannnender als Liftfahren – und günstiger noch dazu!

MIT KINDERN

DRAUSSEN

JARDIN D'ACCLIMATATION [140 C1–2]

Dieser eher für kleinere Kinder ge-eignete Freizeitpark liegt im Westen von Paris inmitten der grünen Lunge des Bois de Boulogne. Das malerisch angelegte Gelände grenzt an das edle Viertel Neuilly-sur-Seine und ist auch für Erwachsene eine schöne grüne Oase. Die dekorativen Parkanlagen wechseln sich ab mit Gehegen meist einheimischer Tiere, (Wasser-)Spiel-plätzen, künstlichen Seen mit japani-schen Gärten, Bachläufen, Vogelvoli-eren, Zerrspiegeln und vielem mehr. Auf die Kurzfahrten in den Karus-sells für 2,90 Euro pro Runde können Sie verzichten. Die schön angelegten Picknickplätze sind um einiges at-traktiver als die Restaurants – hier zu picknicken ist viel spannender. Für mindestens einen halben Tag lohnt sich der Ausflug ins Grüne allemal! *Kinder ab 3 Jahre und Erwachsene 5 Euro | tgl. ab 10 Uhr, Schließzeit variiert je nach Jahreszeit | boule-vard Maillot | www.jardindacclima tation.fr | M 1: Les Sablons | Neuilly-sur-Seine*

JARDIN DU LUXEMBOURG [150 B–C4/5]

Im von Maria de Medici angelegten Stadtpark mitten im Herzen von Saint-Germain-des-Prés lieben es Kinder, ein geliehenes Modellsegel-boot im großen Wasserbecken fahren zu lassen, Pony zu reiten oder im al-ten Karussell eine Runde zu drehen. Letzteres hat schon Rilke in seinem berühmten Gedicht gewürdigt. Nur unwesentlich teurer wird's, wenn Sie einen der wenigen gut ausgebauten Kinderspielplätze im Park besuchen. Dieser Spaß mit allerlei Klettermöglichkeiten kostet dann für Kinder 2,50 Euro und für Erwachsene 1,20 Euro. Während der Nachwuchs tobt, sonnen sich die Eltern auf einem der aufgestellten Stühle und erholen sich von den Strapazen der Großstadt. Falls bei den Kleinen Appetit aufkommen sollte: Gleich um die Ecke in der rue Monsieur le Prince gibt's eine ganze Reihe günstiger asiatischer Restaurants. *Eintritt frei, Kinderspielplätze Erwachsene 1,20 Euro, Kinder 2,50 Euro | Sommer 7.30–21.30, Winter 8.15–16.30 Uhr mit zeitlichen Abstufungen je nach Jahreszeit | boulevard Saint-Michel | RER B: Luxembourg | 6. Arr.*

JARDIN DES PAPILLONS [161 D3]

Der „Schmetterlingsgarten" im östlich gelegenen Parc Floral bietet viele Freizeitmöglichkeiten. In einer Voliere schwirren über 40 Arten von Schmetterlingen herum. Mit pädagogisch attraktiv aufgemachten Modellen wird das Leben der Falter und anderer Insekten veranschaulicht.

Wenige Minuten von dieser Attraktion entfernt lässt es sich an einem kleinen See mit Insel gut picknicken. Übrigens gibt's hier auch einen der schönsten Spielplätze von Paris! *Eintritt in den Park Floral Erwachsene 2,50 Euro, Kinder ab 7 Jahren 1,50 Euro | tgl. 15. Mai–15. Okt. Mi–Fr 13.30–17.30 und So 13–18.30 Uhr | avenue des Minimes | M 1: Château de Vincennes | 12. Arr.*

PARC RIVES DE SEINE 🐷 [159–152]

Eine 7 km lange kostenlose, autofreie Spielwiese an der Seine, mit Spielplätzen, Kletterwänden, Fernglas auf Paris im 17. Jh. und schwimmenden Gärten. *Links der Seine: zwischen Pont de l'Alma und Pont Royal. Rechts zwischen Pont Neuf und Bassin de l'Arsenal | M 8, 13, RER C: Invalides oder M 7 Pont Neuf | 1., 4. u. 7. Arr.*

PARC DE LA VILLETTE 🐷 [139 E2/3]

Das riesige Gelände des Pariser Schlachthauses, das 1974 geschlossen wurde, dient nicht nur wissenschaftlich-pädagogischen Zwecken, sondern soll vor allem Spaß machen. So haben Künstler zehn fantasievolle Themengärten angelegt: Im Garten der Wein-

lauben verstecken sich 90 Springbrunnen, der Schattengarten fasziniert mit seinen Lichtinstallationen, der Dünengarten *(April–Okt. tgl. 10–20 Uhr, Nov.–März Mi, Sa, So und während der Pariser Schulferien 10 Uhr bis zum Sonnenuntergang)* erinnert Kinder mit seinen Spielmöglichkeiten an den Urlaub. Und nicht zuletzt ist da auch der Bambusgarten des berühmten französischen Konzeptkünstlers Daniel Buren. Weitere auffällige Bauwerke legen ein Raster über den Park und beherbergen Restaurants, Cafés oder Ausstellungsräume. Weithin sichtbar ist die runde, verspiegelte Kuppel des Imax-Kinos La Géode. Die Ausstellungen der Cité des Sciences et de l'Industrie im Norden der Anlage sind zwar sehr interessant, aber relativ teuer und nur in englischer und französischer Sprache. Im zweiten Untergeschoss gibt's allerdings ein Aquarium *(Di–Sa 10–18, So 10–19 Uhr)*, in dem man Raubfische beobachten kann. Der Besuch unter Wasser kostet keinen Eintritt. *Park tgl. | 211, avenue Jean-Jaurès | Tel. 01 40 03 75 75 | www.villette.com | M 7: Parc de la Villette | 19. Arr.*

CLEVER!

› Schönheitskur mit gratis Kinderbespaßung

Zwei Bälger am Rockzipfel und trotzdem perfekt gestylt! Wie die Pariserin das hinbekommt? Ganz einfach, in Paris gibt es Schönheitssalons wie Jolies Mamans zu Deutsch „schöne Mamas" *(www.joliesmamans.com)* oder Mum and Babe *(www.mumandbabe.fr)*, in denen die lieben Kleinen kostenlos betreut werden, während die Mütter sich massieren, die Körperhaare entfernen oder eine neue Frisur verpassen lassen. Frischgebackene Pariser Mütter lassen hier gern die Seele baumeln, während ihre Neugeborenen mal von jemand anderem herumgetragen werden. Die Pariserin ist eben nicht nur Mutter, sondern immer auch Frau! Und da es im Französischen kein Wort für Rabenmutter gibt, gönnt sie sich die Auszeit, ohne ein schlechtes Gewissen zu bekommen. Warum nicht im Urlaub mit Kindern auch mal an sich denken? Nicht ganz günstig, aber dafür sparen Sie sich den Babysitter!

ENTDECKEN

EIFFELTURM ZU FUSS [148 B2]

Der Top

Nicht nur für Sie, auch für Ihre Kinder wird der Eiffelturm in jeder Hinsicht ein „Höhepunkt" des Paris-Besuchs sein. Wenn Sie auf den Lift verzichten und die Treppen nehmen, dann schont das nicht nur die Urlaubskasse, weil Sie weniger Eintritt bezahlen, sondern Ihre Kinder werden auch vor Stolz platzen, wenn sie die 704 Stufen bis zur zweiten Etage geschafft – und Mama und Papa dabei vielleicht noch abgehängt haben! Durch einen Glasboden scheint es, als ob man in 57 m Höhe über Paris schwebt. Videos und interaktive Installationen zeigen das Leben und Werk des Erbauers Gustave Eiffel sowie die Geschichte des Turms. *Treppe bis zweite Etage: Erwachsene 10 Euro, Kinder 4–11 Jahre 2,50 Euro, 12–24 Jahre 5 Euro | tgl. Juni–Aug. 9–0.45, Sept.–Mitte Juni 9.30–18.30 (per Aufzug bis 23.45) Uhr | Tel. 01 44 11 23 23 | www.tour-eiffel.fr | M 6: Bir-Hakeim | 7. Arr.*

TURMBESTEIGUNG VON NOTRE DAME [151 E3]

Zwischen den Wasser speienden Fratzen der Türme von Notre Dame auf den Spuren des Glöckners Quasimodo zu wandeln und dabei die Aussicht über die Île de la Cité zu genießen, ist auch für Kinder ein ganz besonderes Erlebnis – das Sportsgeist verlangt. Es ist durchaus möglich, dass Sie eine halbe Stunde anstehen müssen, bis Sie mit einem Pulk von Menschen die engen Treppen erklimmen können. Dennoch ist die Turmbesteigung einer der Höhepunkte eines Paris-Besuchs. Mit kleineren Kindern unter 6 Jahren ist das Vorhaben allerdings eher mit Vorsicht zu genießen. *Erwachsene 10 Euro, 🐷 Eintritt bis 25 Jahre frei | April–Sept. 10–18.30, Okt.–März 10–17.30 Uhr | www.tours-notre-dame-de-paris.fr | M 4: Cité | 4. Arr.*

ESSEN & TRINKEN

FLAM'S [145 D3]

Aus dem Elsass kommende Flammkuchen-Restaurants sind in Paris eine feste Einrichtung. Das beste Preis-Leistungs-Verhältnis hat die Kette Flam's: Das Mittagsmenü (elsässischer Salat mit Wurst und Käse, Flammkuchen in Variationen und einen Apfel-Crumble) gibt's für 12,50 Euro. Besonders hungrige Teenager können sich mit dem Menü für 10

Euro (ohne Dessert) oder 16 Euro (mit Vorspeise oder Dessert) unter dem Vermerk „à volonté" (all you can eat) satt essen. Für die Kleinen bis 8 Jahre gibt's ein Kindermenü für 5,50 Euro. Das Lokal liegt gegenüber dem Wachsfigurenmuseum Musée Grévin, Nähe Opéra Garnier. *Mo 11.45–15, Di–Fr 11.45–15 und 18.30–23, Sa 11.45–24, So 12–21.30 Uhr | 11, boulevard Montmartre (weitere Filialen im 1., 8., 9., 15. Arr.) | Tel. 01 42 36 06 12 | www.flams.fr | M 8, 9: Grands Boulevards | 2. Arr.*

RESTAURANT FLUNCH   [151 E1]

Die französische Alternative zu amerikanischen Fast-Food-Ketten. Das Kindermenü mit warmer Hauptspeise, Getränk, Dessert und einem Geschenkchen kostet 3,95 Euro. Das ist unschlagbar für Paris, zumal Sie von dem Menü hier gleich drei Kleine satt bekommen könnten und sich viele andere Restaurants nur ungern auf kleine Gäste einrichten. Sollte Ihr Nachwuchs zu langsam essen, stehen hier sogar Mikrowellen zum Aufwärmen bereit. *Tgl. 8–22 Uhr | 21, rue Beaubourg | Tel. 01 40 29 09 78 | www.flunch.fr | M 11: Rambuteau | 4. Arr.*

KULTUR

ÄGYPTISCHE ABTEILUNG DES LOUVRE   [150 C1–2]

Eine der weltgrößten Ägyptologie-Sammlungen, die Kinder aller Altersgruppen und Erwachsene gleicher-

MIT KINDERN

Restaurant Flunch: kindgerecht eingerichtet und auch bei den Großen beliebt

maßen begeistert. Alltagsobjekte erzählen vom Leben im alten Ägypten im Schatten der Pyramiden, eindrucksvolle Sphinxen, mumifizierte Krokodile sowie die berühmte Statue eines Schreibers aus dem Jahr 2600 v. Chr. ziehen kleine und große Besucher in eine andere Welt. *Erwachsene 15 Euro (🦐 Okt.–März 1. So im Monat und am Nationalfeiertag am 14. Juli frei), Eintritt bis 25 Jahre frei | Mi–Mo 9–18, Mi, Fr bis 21.45 Uhr |*

www.louvre.fr | M 1, 7: Palais Royal – Musée du Louvre | 1. Arr.

JARDIN DES PLANTES [157 F1]

Ein in Europa wohl einzigartiges Naturkundemuseum zur Evolution der Arten ist das Muséum national d'Histoire naturelle im großen Jardin des Plantes. Besonders bemerkenswert: der „Zug der Tiere" in der großen Galerie. Das interaktive Museum ist auch für Kinder spannend, die kein Französisch oder Englisch sprechen. Das (präparierte) Panzernashorn aus dem Besitz Ludwigs XV. spricht ebenso für sich wie die Ménagerie, ein kleiner, aber feiner Zoo, der aus dem Jahr 1793 stammt. Oder die schönen Gewächshäuser (teils von 1715) mit tropischen Pflanzen und der botanische Lehrgarten im schön angelegten Park – ein tolles Angebot für einen Ganztagesausflug.

🚩 Der Eintritt in den Botanischen Garten ist frei. Die Große Galerie ist für EU-Bürger bis 25 Jahren ebenfalls kostenlos. Erwachsene über 25 Jahren, die für eine der Attraktionen des Parks ein Ticket kaufen, bekommen Rabatt für eine weitere Attraktion. Muséum national d'Histoire naturelle (Grande Galerie de l'Evolution): Erwachsene 10 Euro, EU-Bürger bis 25 Jahre Eintritt frei | Mi–Mo 10–18 Uhr | www.mnhn.fr; Zoo (Ménagerie): Erwachsene 13 Euro, Kinder 3–25 Jahre 10 Euro, unter 3 Jahren frei | April–Sept. Mo–Sa 9–18, So 9–18.30, Okt.–März 9–17/17.30 Uhr; Gewächshäuser (Grandes Serres): Erwachsene 7 Euro, Kinder 3–25 Jahre 5 Euro, unter 3 Jahren frei | Mi–Mo Sommer 10–18, Winter 10–17 Uhr; Botanischer Lehrgarten: Eintritt frei, während der Öffnungszeiten des Parks; Jardin des Plantes: Eintritt frei | Sommer 7.30–19.45, Winter 8–17.15 Uhr, mit zeitlichen Abstufungen je nach Jahreszeit | 57, rue Cuvier | www.jardindesplantes.net | M 5, 10: Gare d'Austerlitz | 5. Arr.

MUSÉE GOURMAND DU CHOCOLAT [145 E4]

Das Museum für Schokolade erklärt die 4000-jährige Geschichte der Zubereitung des Naschwerks. Die Kleinen werden ihre Freude haben, denn für sie wird der Weg von der Kakaoschote bis zur Schokoladentafel sogar mit Playmobilfiguren nachgestellt. Eine große Rolle spielt in Frankreich auch die Verarbeitung der süßen Köstlichkeiten zu kleinen Konditorei-Kunstwerken. Höhepunkt der Museumsführung ist dann auch eine praktische Vorführung, an deren Ende die Ergebnisse verzehrt werden dürfen. Für Kinder gibt's sogar eigene Mitmachworkshops zur Schokoladenherstellung. *Tgl. 10–18 Uhr | Erwachsene 11 Euro, Studenten 10 Euro, Kinder bis 12 Jahre 8 Euro, bis 6 Jahre frei | 28, boulevard de Bonne Nouvelle | Tel. 01 42 29 68 60 | www.museeduchocolat.fr | M 8, 9: Bonne Nouvelle | 10. Arr.*

MUSÉE DE MINÉRALOGIE DE L'ÉCOLE DES MINES [150 C5]

4000 Mineralien, 700 Edelsteine, 400 Teile von Meteoriten, und dazu die Geschichte der Mineralogie: Untergebracht sind die zum Teil prächtigen Exemplare in einem altehrwürdigen Stadtpalais wenige Schritte vom Haupteingang des Jardin du Luxembourg entfernt. Wohl nicht das schönste Museum der Stadt, aber interessant und günstig. *Eintritt Erwachsene 6 Euro, Studenten 3 Euro, bis 12 Jahre frei | Di–Fr*

CLEVER!

> Wo der Nachwuchs gut versorgt ist

Den „Bauch von Paris" nannte Émile Zola das Marktzentrum im Herzen von Paris. Seit dem 12. Jh. konnten die Pariser in Les Halles alle möglichen Waren kaufen. Im 19. Jh. wurden Pavillons aus Glas und Metall gebaut, um den Markt aufzunehmen. Sie sind längst wieder abgerissen, heute beherbergt der Platz das neu erbaute Forum des Halles, eines der größten Einkaufs- und Freizeitzentren von Paris mit Kinos, einem Schwimmbad, Restaurants und Cafés. Hier können Sie den Nachwuchs an Regentagen gut beschäftigen. Sollten Sie mit einem Kleinkind unterwegs sein, dann ist der kostenlose Serviceraum des Einkaufszentrums ein guter Tipp. Im Espace Bébé können Sie sich für 0,50 Euro um die Kleinen kümmern: wickeln, das Essen aufwärmen oder stillen. Praktisch ist hier auch der Verleih von Buggys. Wenn die Sonne wieder scheint, machen Sie noch einen Abstecher auf den Spielplatz im Park vor der Kirche Saint-Eustache! *Forum des Halles | Mo–Sa 10–20 Uhr | www.forum deshalles.com | M 4: Les Halles | 1. Arr.*

13.30–18, Sa 10–12.30 und 14–17 Uhr | 60, boulevard Saint-Michel | Tel. 01 40 51 91 39 | www.musee.ens mp.fr | RER B: Luxembourg | 6. Arr.

MUSÉE DU QUAI BRANLY
– JACQUES CHIRAC [148 C1]

Selbst wenn Ihre Kinder normalerweise überhaupt keine Museen mögen: Aus diesem realtiv neuen Museum für Völkerkunde werden Sie sie kaum noch herausbekommen! Schon seine Architektur hat wenig mit den üblichen Institutionen gemeinsam: Das verschachtelte Gebäude, teils mit komplett begrünten Wänden, hängt wie eine Brücke über einem üppigen Garten. Es gibt trotz mehrerer Ebenen keine Treppen (dafür kinderwagenfreundliche Rampen!) und auch keine abgeschlossenen Räume. Die Farbe des Bodens zeigt an, aus welchem der vier Kontinente die rund 3000 Objekte stammen. Es gibt für kleine Entdecker viel zu tasten, auszuprobieren und technisch nachzuprüfen. Ein ganz großer Spaß! 🐟 *Eintritt frei bis 25 Jahre (Dauerausstellung), Erwachsene 10 Euro, 12 Euro mit Wechselausstellung (1. So im Monat frei) | Di, Mi, So 11–19, Do–Sa 11–21 Uhr | Tel. 01 56 61*

70 00 | www.quaibranly.fr | 37, quai Branly | M 9: Iéna, RER C: Pont de l'Alma | 7. Arr.

STRAWINSKI-BRUNNEN &
CENTRE POMPIDOU [151 E1–2]

Neben dem Centre Pompidou befindet sich der Brunnen von Niki de Saint Phalle und Jean Tinguely als eine Hommage an den großen Komponisten. Der perfekte Platz für eine Pause im Stadtgewühl: Die knallbunten Fabelwesen und das Mobile mit allen möglichen Wasserspielen sind faszinierende Konstruktionen, und in hochsommerlicher Hitze können Kinder am Rand plantschen. Auf dem benachbarten Vorplatz des Centre Pompidou unterhalten fast ununterbrochen Straßenkünstler aller Art die Passanten. Das berühmte staatliche Kunst- und Kulturzentrum selbst, das den Namen des ehemaligen französischen Staatspräsidenten trägt, ist ebenfalls einen Besuch wert – und sei es nur wegen der futuristischen Architektur, die auch Ihre Kinder faszinieren wird. Die 🐟 Aussichtsplattform im sechsten Stock ist für Besucher unter 26 Jahren kostenlos, alle anderen zahlen 5 Euro. Das Museum für moderne Kunst und die wech-

Bild: Das Völkerkundemuseum am Quai Branly fasziniert kleine Entdecker

selnden Ausstellungen kosten auch erst ab 26 Jahren 14 Euro. Auf der Webseite finden Sie unter „jeune public" ein buntes Programm für die lieben Kleinen. Für die 3- bis 10-Jährigen wird die Kunst in der Galerie des Enfants erfahrbar. *Mi–Mo 11–21, Do Wechselausstellungen bis 23 Uhr | place Georges Pompidou | www.centrepompidou.fr | M 11: Rambuteau | 4. Arr.*

STUDIO 13/16 [151 E1–2]

3-D-Video- und DJ-Workshops, Streetart, Mangas, grafische und digitale Kunst hautnah erleben?

CLEVER!

> **Rabatte für den Besuch bei Micky Maus**

Die regulären Preise für das Disneyland Paris, mit jährlich 16 Millionen Besuchern einer der Hauptanziehungspunkte von Paris, sind gepfeffert. Der Preis der Tageskarte für den Besuch der Themenländer im Disneyland Park und den Blick hinter die Kulissen von Film und TV im benachbarten Walt Disney Studio Park variiert. Im besten Fall zahlen Kinder 62 und Erwachsene 69 Euro für beide Parks. Wenn Sie es geschickt anstellen, können Sie trotzdem sparen. Für alle, die länger bleiben, reduziert sich der Preis sukzessive, bei vier Tagen sind es für Kinder unter 11 Jahren nur noch 45 Euro pro Tag. Wenn Sie nur einen Tag Zeit haben, sollten Sie und Ihre Kinder sich wegen der Größe der Anlage und der Warteschlangen vor den Attraktionen auf einen der beiden Parks beschränken. Auf der Internetseite finden sich Rabattaktionen, bei denen Kinder bis einschließlich 12 Jahren keinen Eintritt zahlen, sofern die Eltern ein Hotel im Disney-Resort buchen – hier heißt es aber: scharf kalkulieren. Normalerweise sollten Sie ein günstiges Hotel in der Nähe der Parks nehmen. Frühbucherspartarife (mehr als 10 Wochen vorher) versprechen bis zu 40 Prozent Ermäßigung (weitere Aktionen auf der Website). Übrigens können Sie beim Essen nicht sparen: Strenge Kontrollen am Eingang sorgen dafür, dass Ihr Picknick nicht mit in die Parks kommt! *www.disneylandparis.com | RER A: Marne-la-Vallée (40 Minuten westlich vom Zentrum von Paris)*

MIT KINDERN

Das Studio 13/16 im Centre Pompidou bietet Kunst, moderne Medien und Technik zum Anfassen, exklusiv und kostenlos für Jugendliche zwischen 13 und 16 Jahren. Die Workshops werden ganz zwanglos von verschiedenen Künstlern geleitet. Eine Voranmeldung ist nicht nötig. *Eintritt frei | Mi, Sa und So 14–18 Uhr | place Georges Pompidou | www.facebook.com/studio 1316 | M 11: Rambuteau | 4. Arr.*

SHOPPING

BAMBIN TROC [154 B1]

Gute Qualität und viele Markenartikel auf zwei Etagen zum kleinen Preis. Kleidung für Babys und Kinder, Säuglingspflege, Kinderwagen, Hochstühle, Autositze, Babybetten und Spielzeug wechseln hier seit über 30 Jahren die Besitzer. Sogar Skibekleidung für Kinder ist einigermaßen preiswert. Stöbern Sie in dem vielfältigen Sortiment zwischen Neuem und Secondhandware in herzlicher und uriger Atmosphäre. *Di, Do, Fr 10.30–18.30, Mi 14.30–18.30, Sa 10.30–12.30 und 14.30-18.30 Uhr | 4, rue de l'Abbé Groult | Tel. 01 42 50 77 93 | www.bambintroc.fr | M 8: Commerce | 15. Arr.*

DU PAREIL AU MÊME [151 D1]

Pfiffige und bezahlbare Kindermode (T-Shirts ab 7 Euro, Hosen und Kleider ab 20 Euro) für die Altersgruppe der 0- bis 14-Jährigen, dazu Schuhe, Bücher, Spiele und Baby-Accessoires. Ein Laden der bekannten französischen Kette liegt im zweiten Untergeschoss des großen Einkaufszentrums Forum des Halles *(s. S. 123)* und ist der zentralgelegenste der Stadt. *Mo–Sa 10–20, So 11–19 Uhr | Forum des Halles, Niveau 2 | www.forumdeshalles.com | M 4: Les Halles | 1. Arr.*

STOCK BONPOINT [150 A3]

Wer seine Kleinen für besonders festliche Anlässe richtig teuer ausstatten lassen will, wird in Paris „bestens" bedient. Die Preise für die kleinen Stoffteilchen in Form von Hosen, Pullovern und Mäntelchen übersteigen hier leicht die der Mode für Erwachsene. Wer es trotzdem noch einigermaßen erschwinglich haben möchte, geht am besten in diesen Lagerverkauf im großbürgerlichen 7. Arrondissement. Ein entsprechendes Winteroutfit etwa kann dann schon mal 80 statt 160 Euro kosten. *Mo–Sa 10–19 Uhr | 42, rue de l'Université | Tel. 01 40 20 10 55 | M 12: Rue du Bac | 7. Arr.*

KARTENLEGENDE

Autobahn Motorway		Autoroute Autosnelweg
Vierspurige Straße Road with four lanes		Route à quatre voies Weg met vier rijstroken
Durchgangsstraße Thoroughfare		Route de transit Weg voor doorgaand verkeer
Hauptstraße Main road		Route principale Hoofdweg
Sonstige Straßen Other roads		Autres routes Overige wegen
Einbahnstraße One-way street		Rue à sens unique Straat met eenrichtingsverkeer
Fußgängerzone Pedestrian zone		Zone piétonne Voetgangerszone
Information Information		Information Informatie
Hauptbahn mit Bahnhof Main railway with station		Chemin de fer principal avec gare Belangrijke spoorweg met station
RER-Bahnhof RER Station		Gare RER RER Station
Sonstige Bahn Other railway		Autre ligne Overige spoorweg
U-Bahn Underground		Métro Ondergrondse spoorweg
Straßenbahn - Regionalbuslinie Tramway - Regional bus-route		Tramway - Ligne d'autobus régional Tram - Regionaal buslijn
Flughafenbus Airport bus		Bus d'aéroport Vliegveldbus
Anlegestelle Landing stage		Embarcadère Aanlegplaats
Kirche - Sehenswerte Kirche Church - Church of interest		Église - Église remarquable Kerk - Bezienswaardige kerk
Polizeistation - Postamt Police station - Post office		Poste de police - Bureau de poste Politiebureau - Postkantoor
Krankenhaus - Denkmal Hospital - Monument		Hôpital - Monument Ziekenhuis - Monument
Jugendherberge Youth hostel		Auberge de jeunesse Jeugdherberg
Bebaute Fläche, öffentliche Gebäude Built-up area, public building		Zone bâtie, bâtiment public Bebouwing, openbaar gebouw
Industriegelände Industrial area		Zone industrielle Industrieterrein

CITYATLAS
PARIS

> Auf der nächsten Seite finden Sie eine *Übersichts-karte* mit den 10 wichtigsten Sehenswürdigkeiten.

> Eine *Umgebungskarte* vom Großraum Paris befindet sich auf den Seiten 160/161

> Das *Straßenregister* (ab Seite 162) enthält eine Auswahl der im Cityatlas dargestellten Straßen und Plätze.

La Garenne Colombes

Bd. de la République

Seite 132 | 133

Clichy

Seite 13

Courbevoie

Levallois-Perret

Rue Baudin

La Défense

Boulevard Bineau

Neuilly-sur-Seine

Av. Ch. de Gaulle

Boulevard Berthier

Rue de

Bd. Malle

Wagr

Ternes

Seite 140 | 141

Seite 14

Palais des Congrès

Bois

Arc de Triomphe

Av. de Friedland

Palais de l'Élysée

Allée de Longchamp

Avenue Victor Hugo

Avenue des Champs-Élysée

Chaillot

Grand Palais

Petit Palais

de

New York

Quai d'Orsay

Palais de Chaillot

Seite 14

Route de l'Hippodrome

Av. P. Doumer

Av. de

Hôtel des

Maison de Radio France

Tour Eiffel

Invalides

Boulogne

A13

Avenue Mozart

Quai André Citroën

Av. Émile Zola

École Militaire

Boulogne-Billancourt

Av. de Versailles

Rue de

Seite 1

Grenelle

Rue Lecourbe

Gare Montparnasse

Rue de Vaugirard

Convention

Montparnas

PARIS IM ÜBERBLICK

★ **NICHT VERPASSEN: Die Top 10 der besten Sehenswürdigkeiten (Die Beschreibungen finden Sie auf den Seiten 16 und 17)**

2 km

Quai du Verdun

Av.

Issy-les-Moulinaux

Vanves

Boulevard Brun

130

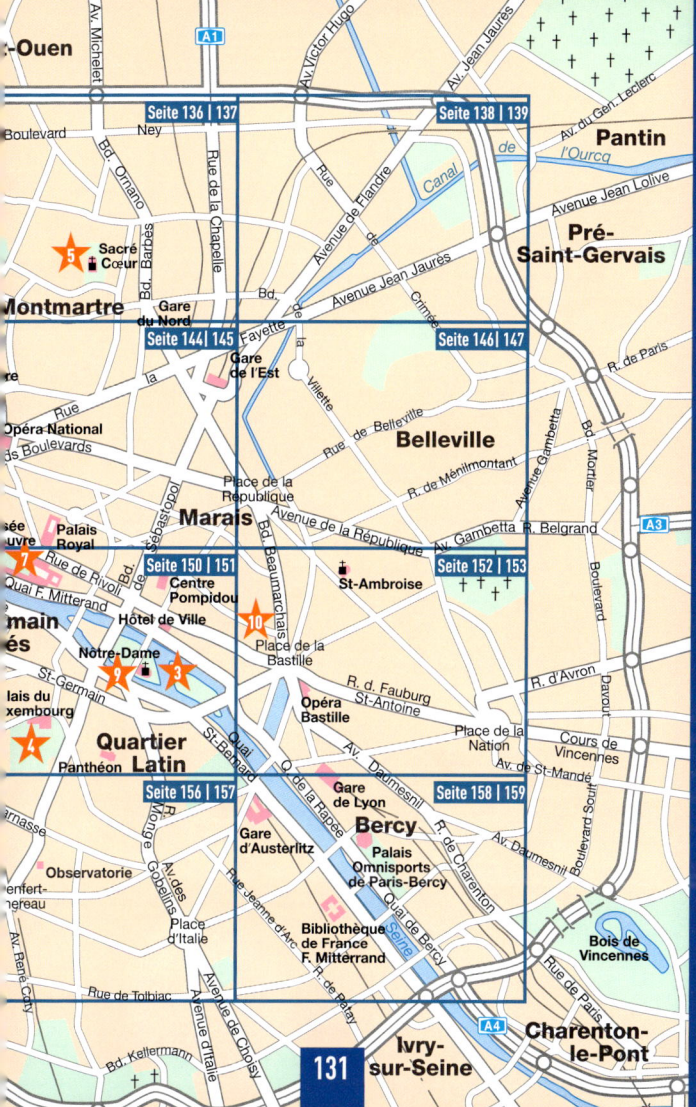

-Ouen

Av. Michelet

A1

Boulevard

Ney

Bd. Ornano

Rue de la Chapelle

Av. Victor Hugo

Seite 136 | 137

Seite 138 | 139

Rue de Flandre

Av. Jean Jaurès

Canal

de

l'Ourcq

Pantin

Avenue Jean Lolive

Pré-Saint-Gervais

Sacré Cœur

Avenue de Flandre

Avenue Jean Jaurès

Montmartre

Gare du Nord

Bd.

Fayette

Seite 144 | 145

Seite 146 | 147

R. de Paris

Gare de l'Est

Villette

A3

Opéra National des Boulevards

Rue

la

Rue de Belleville

Belleville

Avenue Gambetta

R. de Ménilmontant

Bd. Mortier

sée uvre

Palais Royal

Bd. de Sébastopol

Place de la République

Marais

Avenue de la République

Av. Gambetta   R. Belgrand

Seite 150 | 151

St-Ambroise

Seite 152 | 153

Boulevard

Centre Pompidou

Bd. Beaumarchais

Rue de Rivoli

Quai F. Mitterand

Hôtel de Ville

Davout

main és

Notre-Dame

Place de la Bastille

R. d. Faubourg St-Antoine

R. d'Avron

St-Germain

Opéra Bastille

Place de la Nation

Cours de Vincennes

lais du xembourg

Quai St-Bernard

Av. de St-Mandé

Panthéon

Quartier Latin

Rue Mouffetard

Quai de la Rapée

Av. Daumesnil

Seite 156 | 157

Gare de Lyon

Seite 158 | 159

arnasse

Av. des Gobelins

Gare d'Austerlitz

Bercy

Palais Omnisports de Paris-Bercy

Av. Daumesnil

Boulevard Soult

enfert-ereau

Observatorie

Rue Jeanne d'Arc

Quai de Bercy

R. de Charenton

Bois de Vincennes

Place d'Italie

Bibliothèque de France F. Mitterrand

Seine

Rue de Paris

Av. René Coty

Avenue de Choisy

Avenue d'Italie

Quai de Bercy

Quai de la Gare

Rue du Chât

A4

Bd. Kellermann

Rue de Tolbiac

131

Ivry-sur-Seine

Charenton-le-Pont

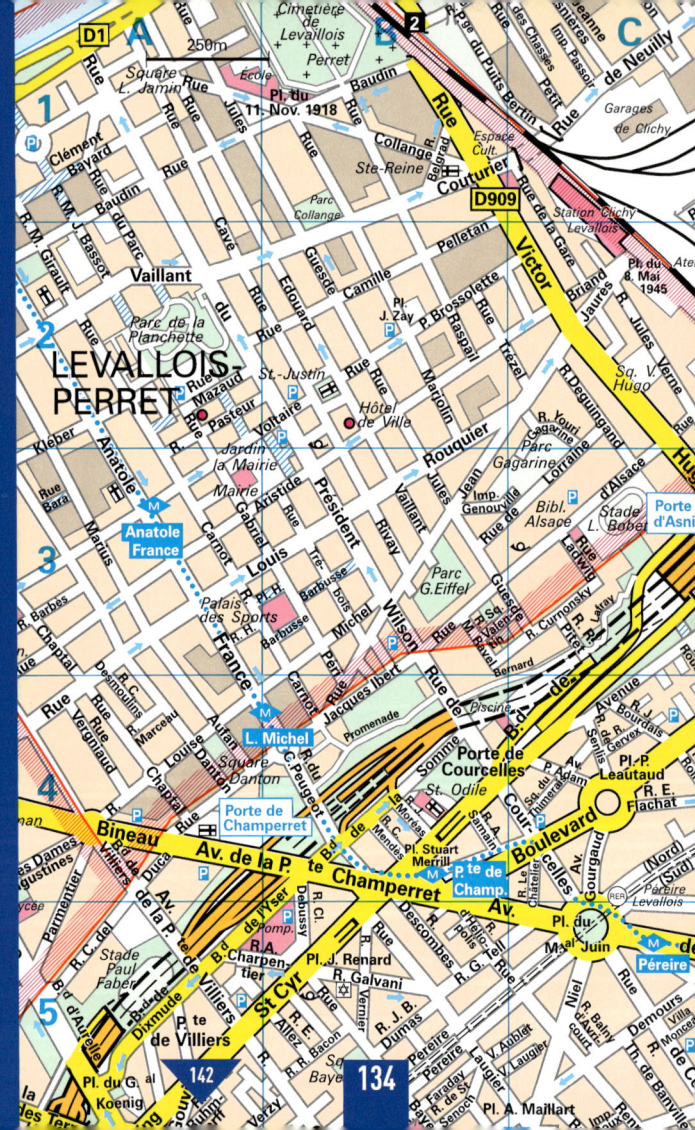

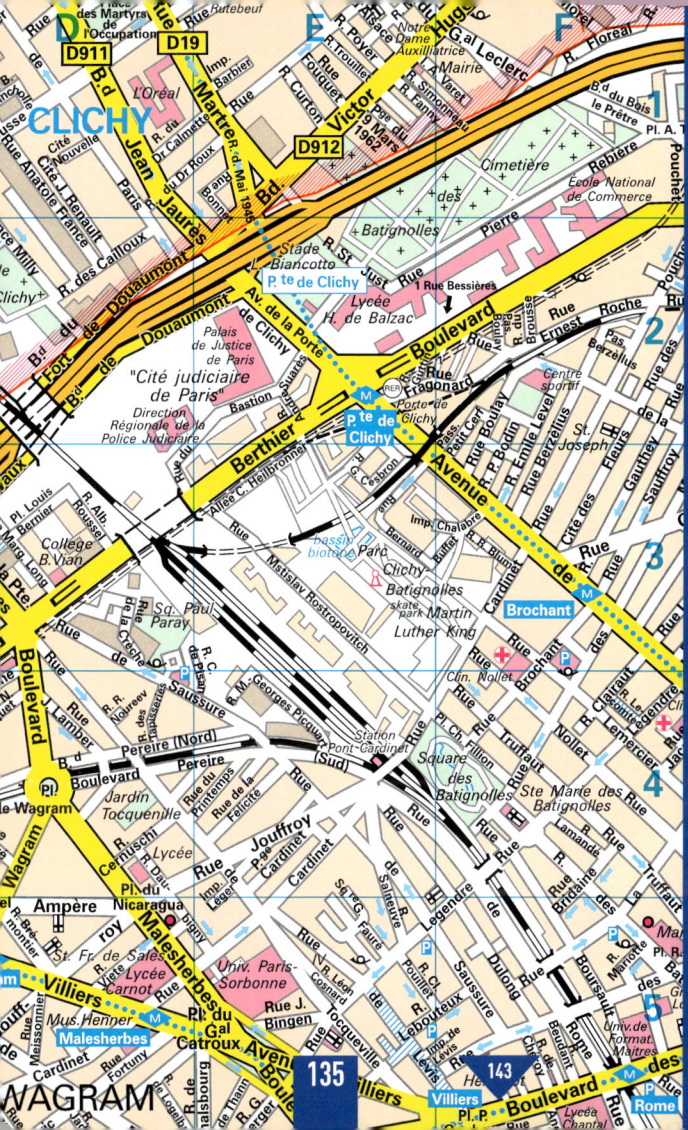

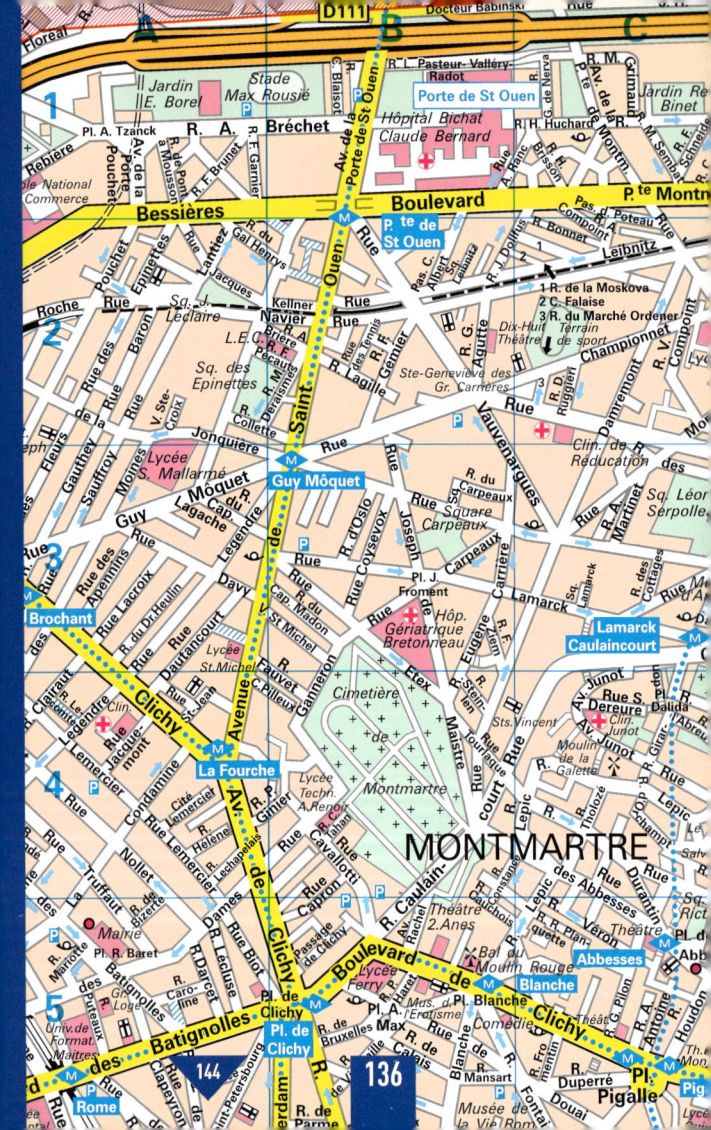

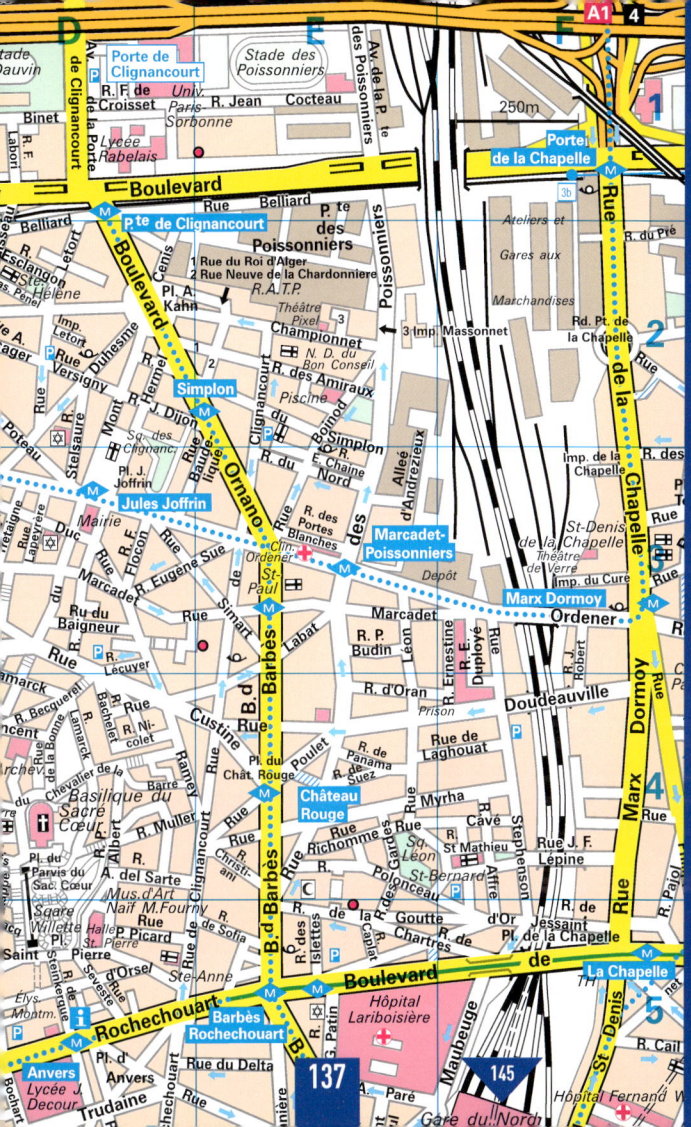

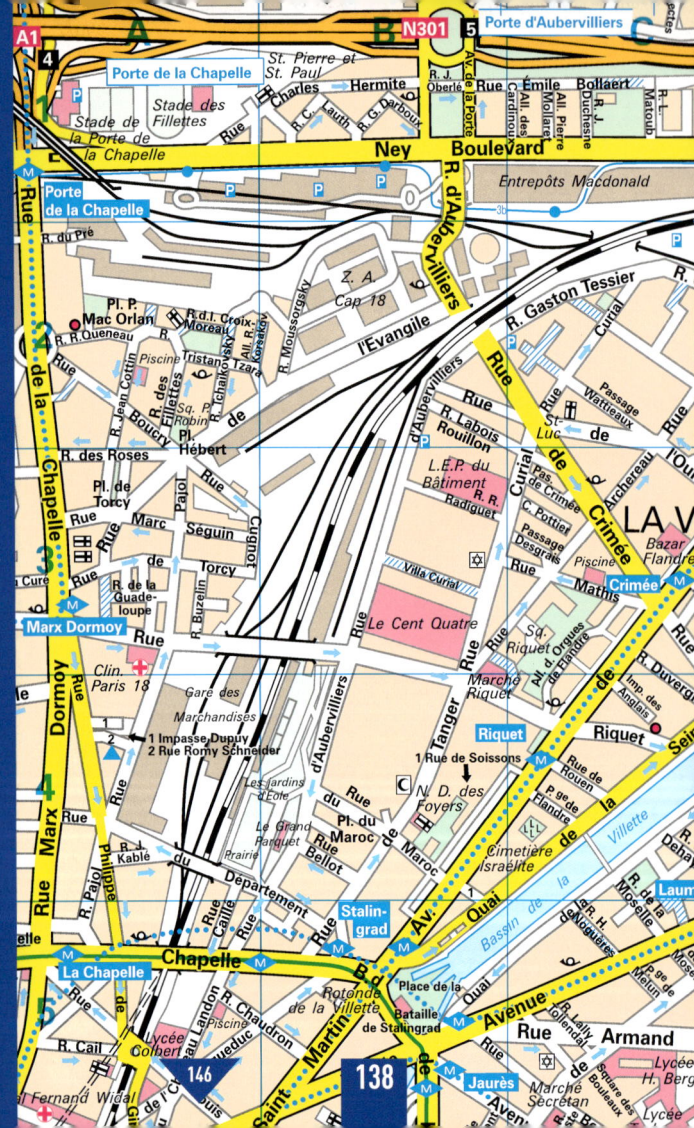

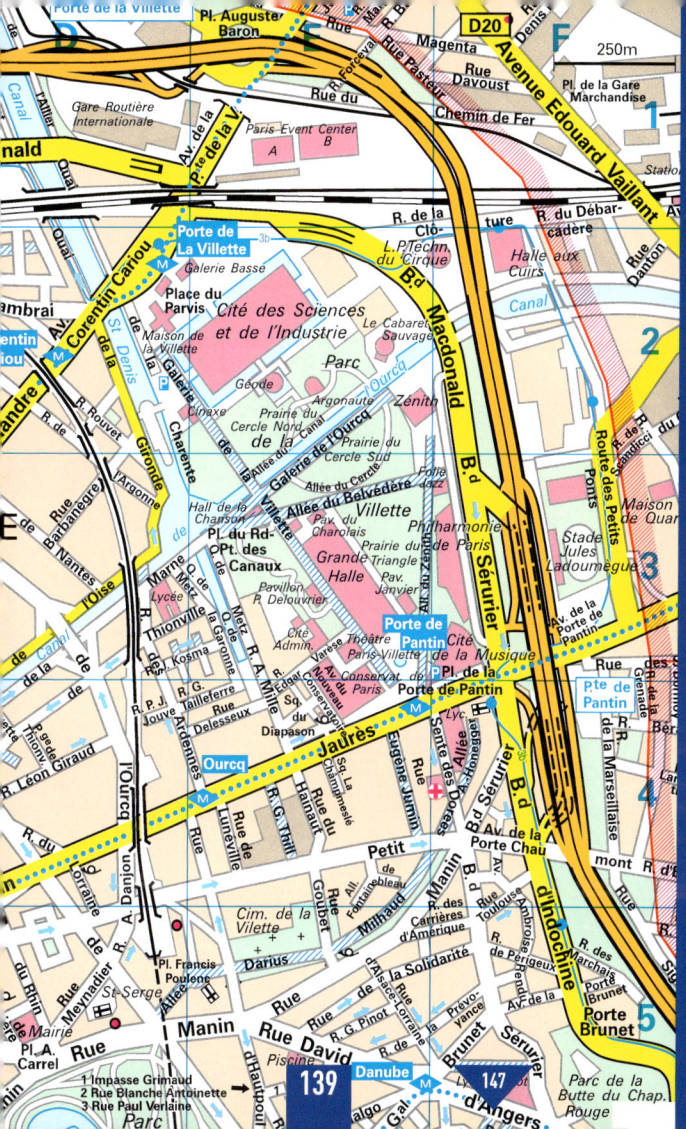

Georges Hassaux

A ▲ 132

B de R. Vict.

C

R. Daix Lycée de la Folie St-James

Puteaux

Stade de l'Île de Puteaux

Hall des Sports

Piscine

D1

Rue du Bois de Boulogne

Centre Arturo Lopez

Musée

du

Centre St James

R. d P Marché

1 Rue Charles-Bernard Metman

Rue

de

St Isabelle

R. E Deloison

Pl. de Bagatelle

P Taxi

Av. de Bretteville

Châlet de Madrid

Porte de Bagatelle

Boulevard Richard Wallace

R. F. Passy

R. Salignac Fénelon

Rue

Boulevard

Porte de Neuilly

Port St James

Route de la Porte

Mare Saint James

Châlet Charcot Av.

C. dt du

Lac d'Equitation de Paris

Boule

Jardin

d'Acclimatation

Fondation Louis Vuitton

du

Route de la Porte

Route

Bd

des

Muette de Neuilly

Avenue

Route

Carrefour de la Porte de Madrid

Route du Champ d'Entraînement

Route de Sèvres à Neuilly

Tennis

Société Équestre de l'Étrier

Lac pour le Patinage

Route des Lacs

Cavalière

de

Route de la

Muette

Parc

Château de Bagatelle

de

Bagatelle

Allée

Allée

Pavillon Royal

Allée

3

Marguerite

Bois

de

Boulogne

de

Reine

Madrid

Inférieur

4

Hippodrome de Longchamp

Carrefour Croix Catelan

Suresnes

Denis

Lac Inférieur

la

de

Allée

Route

Pré Catelan

Saint

P

Lagardère Paris Racing Club

Châlet des Îles

Ceinture du Lac

Pelouse de la Muette

5

Ruisseau

Châlet du Pré Catelan

la

Grande

Lac

de la Mu

250m

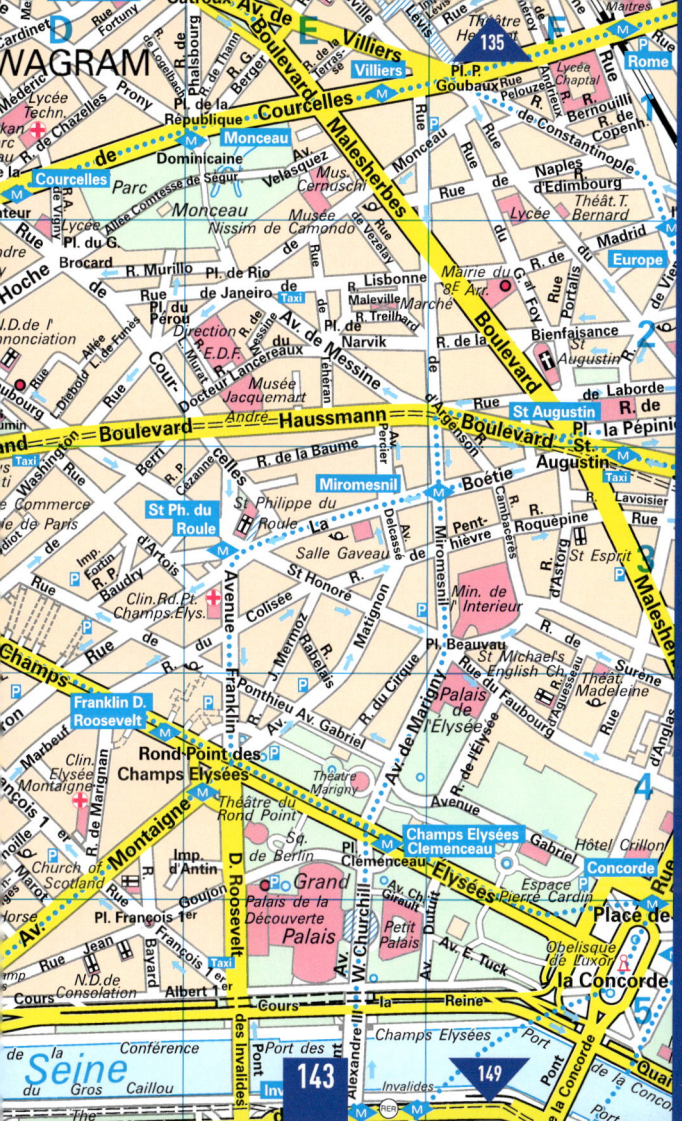

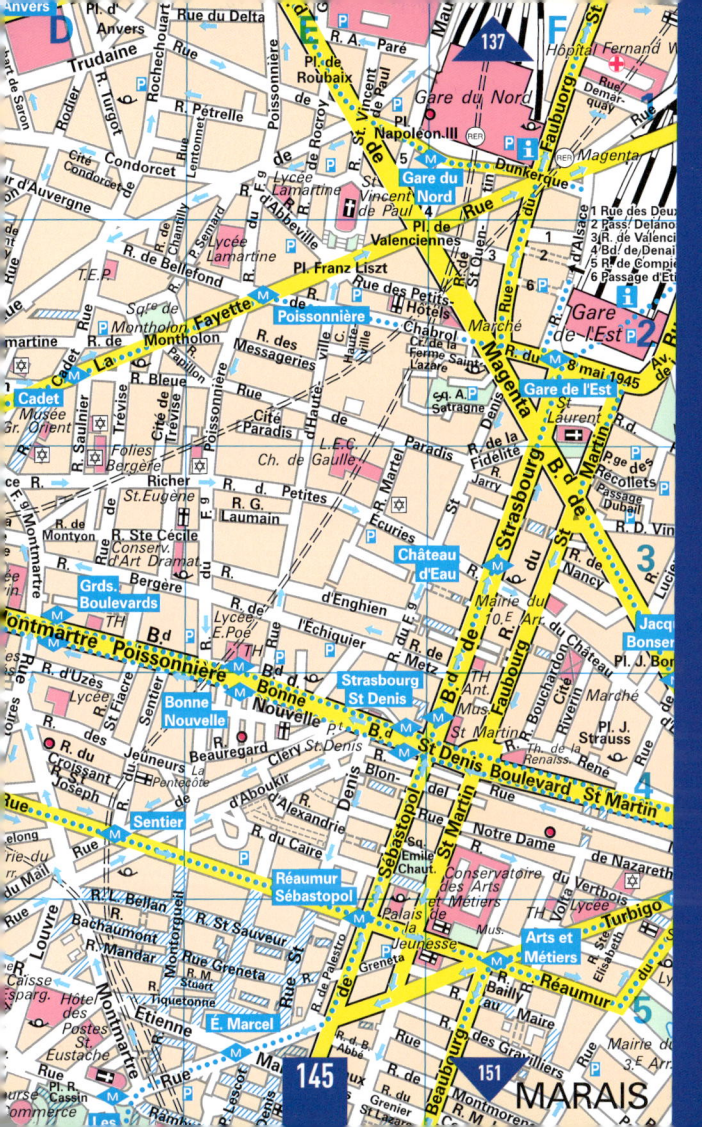

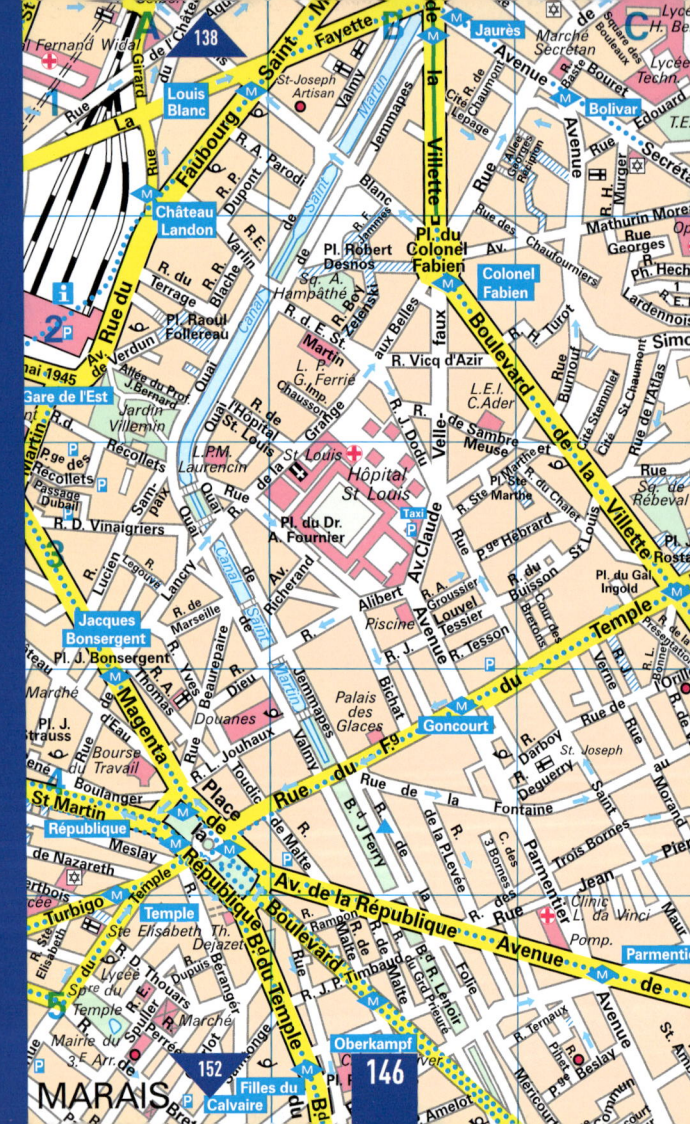

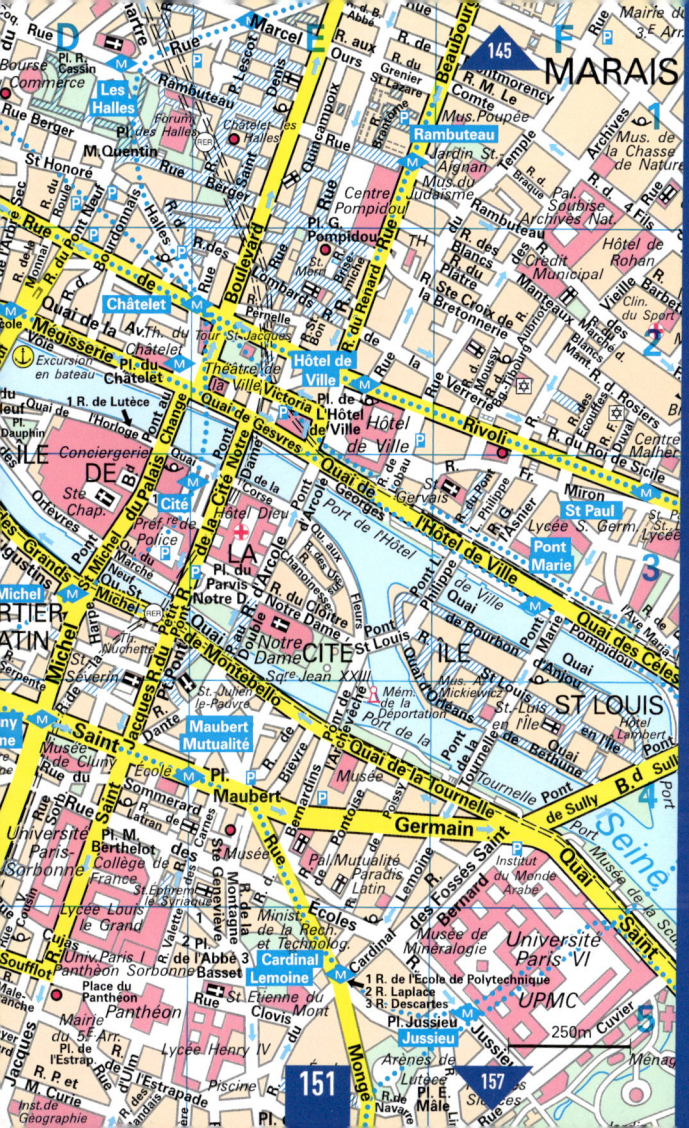

MARAIS

D E F

1

2

3

4

5

Les Halles

Bourse de Commerce

Rue Berger

St Honoré

M. Quentin

Pl. R. Cossin

Châtelet

Quai de la Mégisserie

Excursion en bateau

1 R. de Lutèce

ILE

DE

Conciergerie

Ste Chap.

Préf. de Police

ÎLE DE LA CITÉ

Hôtel de Ville

Théâtre de la Ville

Victoria

L'Hôtel de Ville

Hôtel de Ville

Rivoli

St Paul

St Gervais

Quai de l'Hôtel de Ville

Miron

Pont Marie

Quai des Célestins

ST LOUIS

Hôtel de Rohan

Hôtel de Crédit Municipal

Vieille Barbet

Clin. du Sport

Centre Malher

St Germain

Lycée S. Germ.

Pont St Louis

ÎLE ST LOUIS

Hôtel Lambert

Quai de Béthune

Notre Dame

Sqre Jean XXIII

Mém. de la Déportation

Mus. Mickiewicz

St Louis en l'Île

St Louis en l'Île

CITÉS

St Michel

St Séverin

St Julien le-Pauvre

Maubert Mutualité

Pl. Maubert

Musée

Musée de Cluny

Rue de Cluny

École

Musée

Sorbonne

Collège de France

Université Paris-Sorbonne

Pl. M. Berthelot

Lycée Louis le Grand

St Étienne du Syrianos

Univ. Paris I Panthéon Sorbonne

Place du Panthéon

Panthéon

Mairie du 5e Arr.

Lycée Henry IV

Pl. de l'Estrapade

Piscine

Quai de la Tournelle

Pont de la Tournelle

Germain

Pal. Mutualité Paradis Latin

Institut du Monde Arabe

Université Paris VI

UPMC

R. des Fossés Saint Bernard

Écoles

Ministère de la Rech. et Technolog.

Cardinal Lemoine

St Étienne du Mont

Musée de Minéralogie

R. de l'École de Polytechnique

R. Laplace

R. Descartes

Pl. Jussieu

Jussieu

Arènes de Lutèce

Pl. E. Mâle

250m Cuvier

Seine

Quai

Pont de Sully

B.d Sully

inst. de Géographie

157

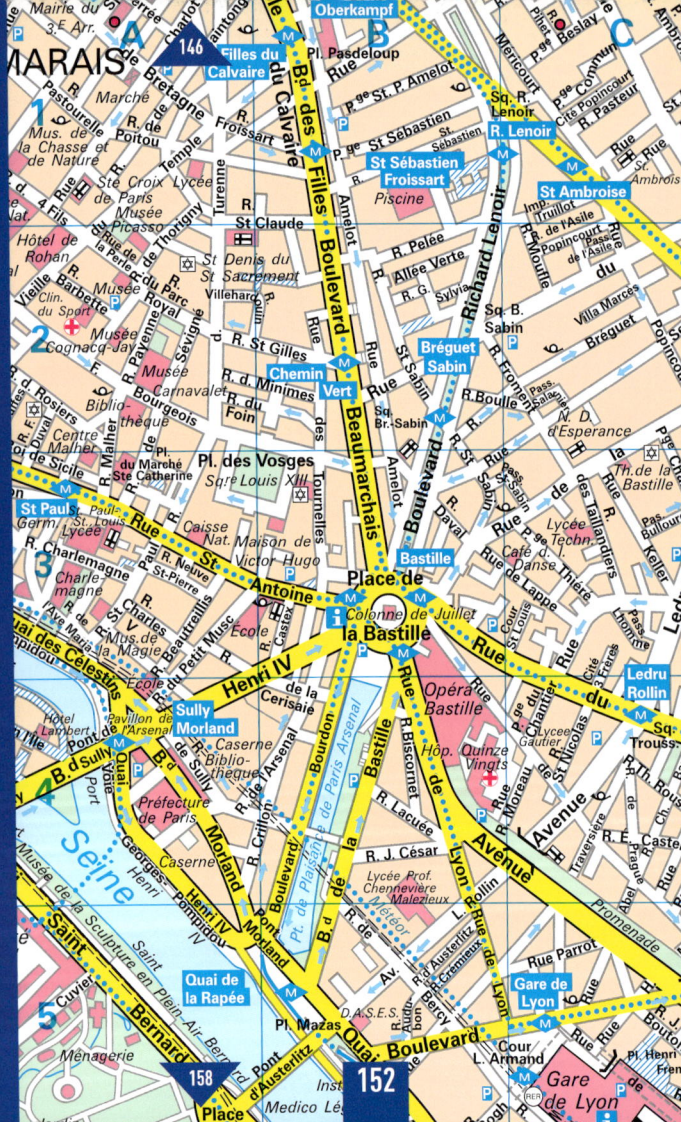

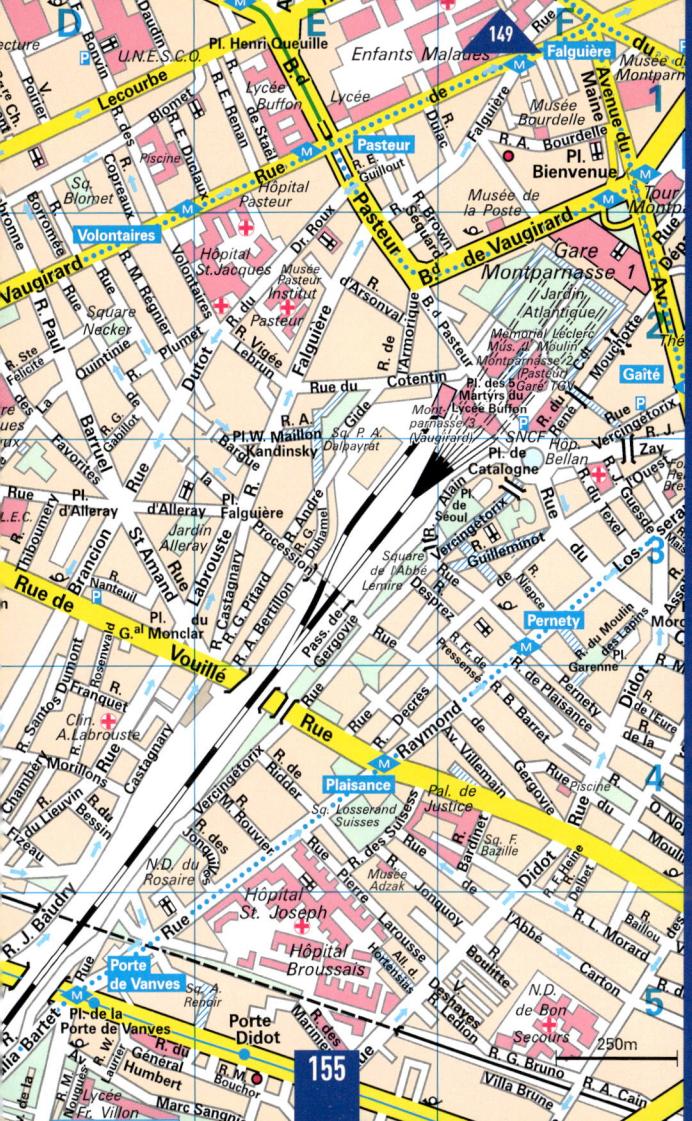

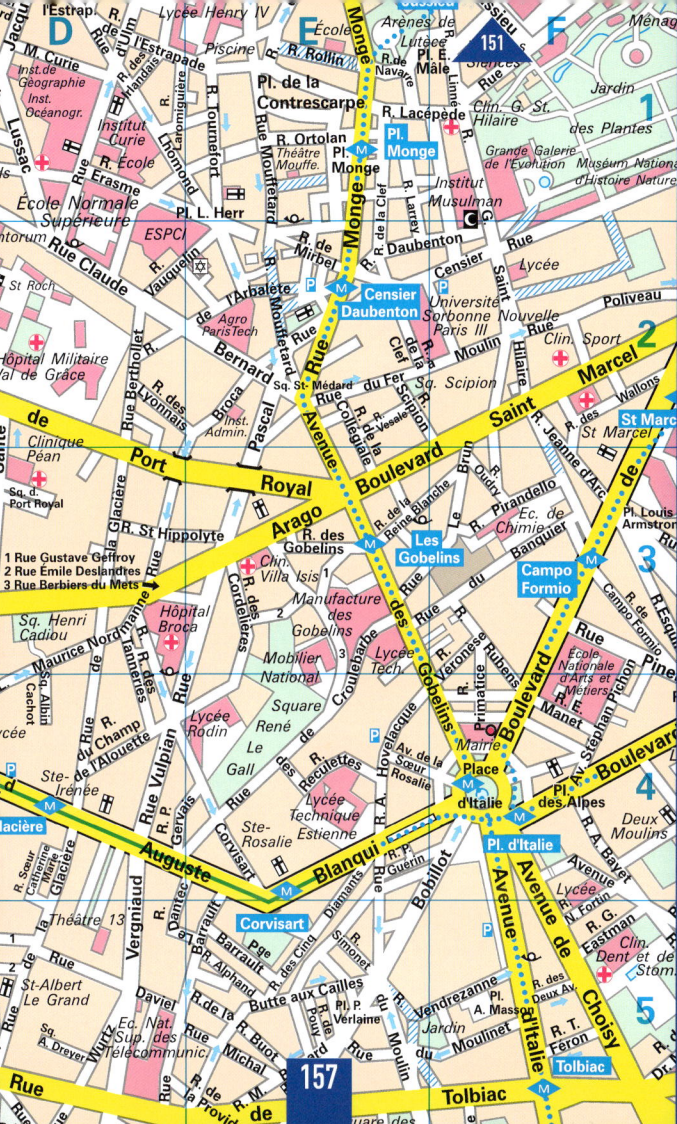

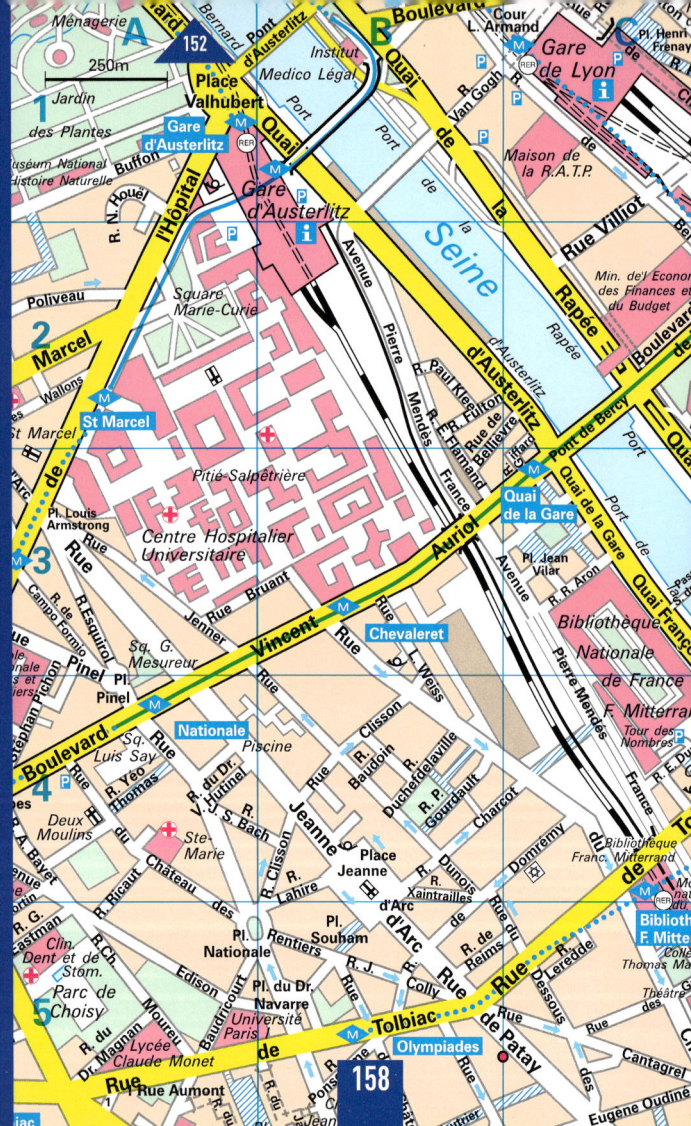

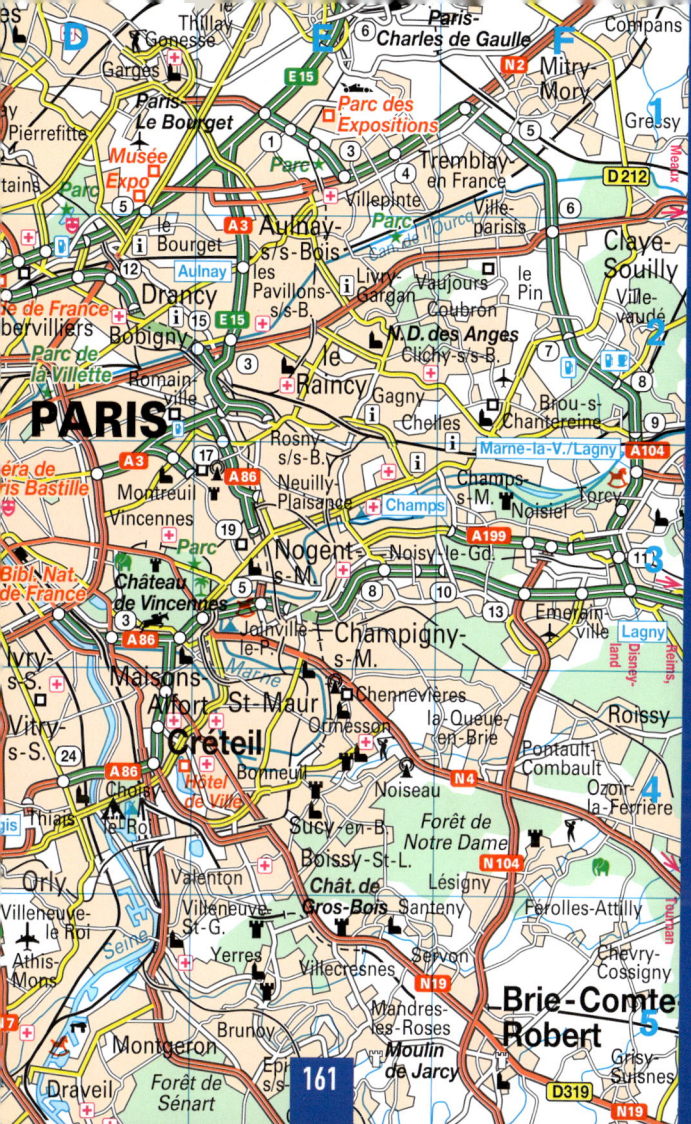

Das Register enthält eine Auswahl der im Cityatlas dargestellten Straßen und Plätze

4–18

4 Fils, Rue des 151/F1
8 mai 1945, Rue du 145/F2
18 Juin 1940, Place du 150/A5-156/A1

A

Abbé Grégoire, Rue de l' 150/A4
Abbeville, Rue d' 145/E1
Abel, Rue 152/C5
Aboukir, Rue d' 145/D5
Acacias, Rue des 142/B2
Achille Peretti, Avenue 132/C4
Alasseur, Rue 148/C4
Albert 1er, Cours 143/D5
Albert de Mun, Avenue 142/B5
Albert Einstein, Rue 159/D5
Albert Thomas, Rue 146/A4
Alésia, Rue d' 155/E4
Alexandre III, Pont 143/E5-149/E1
Alexandre Dumas, Rue 153/E3
Alexandre Parodi, Rue 146/A1
Alexandrie, Rue d' 145/E4
Alibert, Rue 146/B3
Aligre, Rue d' 152/C5
Alma, Place de l' 142/C5
Alma, Pont de l' 143/D5-149/D1
Alsace, Rue d' 145/F2
Amélie, Rue 149/D2
Amelot, Rue 146/B5-152/B2
Amiral Bruix, Boulevard de l' 141/E3
Amiral Roussin, Rue de l' 148/C5-154/C1
Amsterdam, Rue d' 144/B2
Anatole France, Quai 149/F1-150/A1
Ancienne Comédie, Rue de l' 150/C3
André Bréchet, Rue 136/A1
André Maurois, Boulevard 141/E2
Andrezieux, Alleé d' 137/E3
Anjou, Quai d' 151/F3
Anjou, Rue d' 143/F4-144/A4
Antin, Cité d' 144/C3
Aqueduc, Rue de l' 145/F1-146/A1
Arago, Boulevard 156/C1
Arbre Sec, Rue de l' 151/D2
Arcade, Rue de l' 144/A3
Archevêché, Pont de l' 151/E4
Archives, Rue des 151/E2
Arcole, Pont d' 151/E3
Arcole, Rue d' 151/E3
Argenson, Boulevard d' 132/C3
Argenson, Rue d' 143/F2
Argenteuil, Rue d' 144/B5
Argentine, Rue d' 142/B3
Arrivée, Rue de l' 156/A1
Arrmaillé, Rue d' 142/B1

Arsenal, Rue de l' 152/A4
Artois, Rue d' 143/D3
Arts, Pont des 150/C2
Assas, Rue d' 150/B4
Astorg, Rue d' 143/F3
Athènes, Rue d' 144/B2
Atlas, Rue de l' 146/C3
Auber, Rue 144/B3
Aubervilliers, Rue d' 138/B1-B3-B5
Augereau, Rue 149/D2
Auguste Blanqui, Boulevard 157/D4
Auguste Comte, Rue 150/B5-156/B1
Auguste Vacquerie, Rue 142/B4
Aumale, Rue d' 144/C2
Aurelle de Paladines, Boulevard d' 133/F5-134/A5
Austerlitz, Pont d' 152/A5-158/A1
Austerlitz, Quai d' 158/B1
Avre, Rue de l' 148/C5

B

Babylone, Rue de 149/E4
Bac, Rue du 150/A3
Bachaumont, Rue 145/D5
Bagatelle, Porte du 140/A2
Baigneur, Rue du 137/D3
Balzac, Rue 142/C3
Banque, Rue de la (75002) 144/C5
Barbès, Boulevard 137/E4-E5
Barbet de Jouy, Rue 149/F3
Barbette, Rue 151/F2-152/A2
Basfroi, Rue 152/C2
Bassano, Rue de 142/C4
Bastille, Boulevard de la 152/B5
Bastille, Place de la 152/B3
Batignolles, Boulevard des 135/F5
Baume, Rue de la 143/E3
Beaubourg, Rue 151/E2
Beaujon, Rue 142/C2
Beaumarchais, Boulevard 152/B2
Beaune, Rue de 150/B2
Beauregard, Rue 145/D4
Beaurepaire, Rue 146/A4
Beautreillis, Rue 152/A4
Beccaria, Rue 152/C4
Bel Air, Avenue du 153/F5
Bellechasse, Rue de 149/F3-150/A3
Bellefond, Rue de 145/D2
Belleville, Boulevard de 146/C3
Belleville, Rue de 146/C3
Belvédère, Alleé du 139/E3
Bérangér, Rue 146/A4
Bercy, Boulevard de 158/C2-159/D2
Bercy, Pont de 158/C2
Bercy, Quai de 158/C2
Bercy, Rue de 152/C5-B5-158/C1-159/D2
Berger, Rue 151/D1

Bergère, Rue 145/D3
Bernardins, Rue des 151/E4
Bernard Lafay, Promenade B4
Bernouilli, Rue 143/F1
Berri, Rue de 143/D3
Berthie Albrecht, Avenue 142/C2
Berthier, Boulevard 134/C4
Bessières, Boulevard 135/E2
Béthune, Quai de 151/F4
Bichat, Rue 146/A3
Bienfaisance, Rue de la 143/F2
Bienvenue, Place 155/F1
Bièvre, Rue de 151/E4
Bineau, Boulevard 133/D3-E4
Biscornet, Rue 152/B4
Bixio, Rue 149/E3
Blanche, Rue 144/B1
Blancs Manteaux, Rue des 151/F2
Bleue, Rue 145/D2
Blondel, Rue 145/E4
Boëtie, Rue La 143/D3
Boissy d'Anglas, Rue 144/A4
Bonaparte, Rue 150/C3-B4
Bonne Nouvelle, Boulevard de 145/E4
Bosquet, Avenue 149/D2
Bouchardon, Rue 145/F4
Boulle, Rue 152/B2
Bourbon, Quai de 151/F3
Bourdon, Boulevard 152/B5
Bourgogne, Rue de 149/F2
Bourse, Place de la 145/D4
Bout des Lacs, Carrefour du 140/C4
Bouvard, Avenue 148/C3
Boy Zelenski, Rue 146/B2
Branly, Quai 148/B2-B3
Brazzaville, Place de 148/A4
Bréguet, Rue 152/B2
Brésil, Place du 134/C5
Bretagne, Rue de 146/A5
Breteuil, Avenue de 149/E5-155/E1
Breteuil, Place de 149/E5
Brey, Rue 142/C2
Brunel, Rue 142/A1
Brunet, Porte 139/F5
Brunetière, Avenue 134/C4
Budapest, Rue de 144/B2
Bugeaud, Avenue 141/E3
Buisson Saint Louis, Rue du 146/B3
Burnouf, Rue 146/C2

C

Cadet, Rue 145/D3
Caire, Rue du 145/E4
Cambon, Rue 144/B4
Cambronne, Place 148/C4
Cambronne, Rue 148/C5
Capucines, Boulevard des 144/B4

STRASSENREGISTER

Cardinal Lemoine, Rue du 151/E5-157/E1
Carnot, Avenue 142/B2
Carrousel, Place du 150/B1
Carrousel, Pont du 150/B2
Casimir Perier, Rue 149/F2
Cassette, Rue 150/B4
Castellane, Rue de 144/A3
Castiglione, Rue de 144/B5
Caumartin, Rue de 144/B4
Célestins, Quai des 151/F3
Cerisaie, Rue de la 152/A3
Chabanais, Rue 144/C4
Chabrol, Rue de 145/E2
Chalgrin, Rue 142/B3
Chalon, Rue de 152/C5-158/C1
Champ de Mars, Rue du 149/D3
Champs Élysées, Avenue des 142/C3
Champs Élysées, Rond Point des 143/D4
Chanaleilles, Rue de 149/F3
Chantemesse, Avenue 141/D4
Chapelle, Boulevard de 137/E5
Chapon, Rue 145/E5-151/E1
Chaptal, Rue 144/B1
Charenton, Rue de 152/B4-153/D5-159/E2
Charlemagne, Rue 152/A3
Charles de Gaulle, Avenue 132/B4
Charles-de-Gaulle, Place 142/B3
Charles Floquet, Avenue 148/B2
Charles Girault, Avenue 143/E4
Charles Laurent, Square 149/D5-155/D1
Charles Risler, Avenue 148/C3
Charles V, Rue 152/A3
Charlot, Rue 151/F1-152/A1
Charonne, Boulevard de 153/E2
Charonne, Rue 152/C3-153/D3
Château, Boulevard du 132/C4
Château d'Eau, Rue du 145/F3
Châteaudun, Rue de 144/B2
Château Landon, Rue du 146/A1
Chauchat, Rue 144/C3
Chaufourniers, Rue des 146/B1
Chaussée d'Antin, Rue de la 144/B2
Chazelles, Rue de 143/D1
Chemin Vert, Rue du 152/B2
Cherche Midi, Rue du 149/F5-155/F1
Chevert, Rue 149/D3
Choisy, Avenue de 157/F4
Choron, Rue 144/C2
Christine, Rue 150/C3
Circulaire, Boulevard 132/A3
Cirque, Rue du 143/E4
Cité, Rue de la 151/D3
Claude Vellefaux, Avenue 146/B3
Clauzel, Rue 144/C1
Clément Marot, Rue 143/D4
Cler, Rue 149/D2
Cléry, Rue de 145/D4

Clichy, Avenue de 135/E3-136/A4
Clichy, Boulevard de 136/B5
Clichy, Rue de 136/B5-144/B1
Cloître Notre Dame, Rue du 151/E3
Clovis, Rue 151/E5
Cognacq Jay, Rue 149/D1
Colisée, Rue du 143/D4
Colonel Driant, Rue du 144/C5-150/C1
Colonel Fabien, Place du 146/B2
Colonel Moll, Rue du 142/B2
Comète, Rue de la 149/E2
Commandant Charcot, Boulevard du 140/B3
Commerce, Avenue du 154/B4
Concorde, Place de la 143/F5-144/A5
Concorde, Pont de la 143/F5-149/F1
Condé, Rue de 150/C4
Condorcet, Rue 145/D1
Constantine, Rue de 149/E2
Constantinople, Rue de 143/F1
Conti, Quai de 150/C2
Contrescarpe, Place de la 151/E5-157/E1
Copenhague, Rue de 143/F1
Coquillière, Rue 145/D5
Corentin Cariou, Avenue 139/D2
Cotte, Rue de 152/C4
Courcelles, Boulevard de 142/C2
Crillon, Rue 152/A4
Croissant, Rue du 145/D4
Croix Catelan, Carrefour 140/B4
Croix Nivert, Villa 148/C5
Crozatier, Rue 152/C4
Cujas, Rue 151/D4

D
Danielle Casanova, Rue 144/B4
Dante, Rue 151/D4
Darboy, Rue 146/C4
Darius Milhaud, Allée 139/D5
Daumesnil, Avenue 152/B4
Dauphine, Rue 150/C3
Daval, Rue 152/B3
Deguerry, Rue 146/B4
Denfert Rochereau, Avenue 156/B3
Desaix, Rue 148/B4
Descartes, Rue (3) 151/E5
Diderot, Boulevard 152/B5-158/B1
Dieu, Rue 146/A4
Dion Bouton, Quai de 132/A5
Dixmude, Boulevard de 133/F5-134/A5
Docteur Lancereaux, Rue du 143/E2
Docteur Potain, Rue du 147/F2
Dorees, Sente des 139/E4
Douaumont, Boulevard de 135/D2
Double, Pont au 151/E3
Dumont d'Urville, Rue 142/B4
Dupetit Thouars, Rue 145/F5-146/A5

Duphot, Rue 144/A4
Dupleix, Rue 148/C4
Dupont-des-Loges, Rue 148/C2
Duquesne, Avenue 149/D3
Duroc, Rue 149/E5
Dutuit, Avenue 143/F5
Duvivier, Rue 149/D2

E
Eblé, Rue 149/E4
Échiquier, Rue de l› 145/E3
Écluses Saint Martin, Rue des 146/B2
Écoles, Rue des 151/D4
Edgar Faure, Rue 148/B3
Edgar Quinet, Boulevard 156/A2
Edimbourg, Rue d' 143/F1
Edison, Avenue 157/F4
Edmond Roger, Rue 148/B5-154/B1
Edmond Rostand, Place 150/C5
Edouard Pailleron, Rue 146/C1
Edouard Vaillant, Avenue 139/F1
Edward Tuck, Avenue 143/F5
Elisée Reclus, Avenue 148/C2
Élysée, Rue de l› 143/F4
Émile Acollas, Avenue 148/C3
Émile Martel, Avenue 154/B4
Émile Zola, Avenue 148/A5
Émilio Castelar, Rue 152/C4
Enghien, Rue d' 145/E3
Entrepreneurs, Rue des 148/A5
Ermitage, Villa de l' 147/E4
Ernest Psichari, Rue 149/D2
Ernest Renan, Avenue 154/A4
Ernest Renan, Rue 149/E5-155/E1
Estrapade, Rue de l' 151/D5-157/D1
Estrées, Rue d' 149/E4
Étienne Marcel, Rue 145/D5
Étoile, Place l' = Place Charles-de-Gaulle 142/B3
Étoile, Rue de l› 142/B2
Eugène Carrière, Rue 136/B4
Eugène Delacroix, Rue 141/E5
Eugène Spuller, Rue 145/F5
Eugène Varlin, Rue 146/A2
Euler, Rue 142/C3

F
Fabert, Rue 149/E2
Fallempin, Rue 148/B4
Faubourg du Temple, Rue du 146/B4
Faubourg Montmartre, Rue du 145/D2
Faubourg Poissonnière, Rue du 145/E2-E3
Faubourg Saint Antoine, Rue du 152/B3
Faubourg Saint Denis, Rue du 145/E2-E3
Faubourg Saint Honoré, Rue du 142/C2-143/F3

Faubourg Saint Martin, Rue du
145/F2-F3-146/A2
Fédération, Rue de la 148/B3
Félix Faure, Avenue 154/B2-A2
Férou, Rue 150/C4
Feydeau, Rue 144/C4
Fidélité, Rue de la 145/F3
Filles du Calvaire, Boulevard des
146/B5-152/B1
Flandre, Avenue de 138/B5
Flandrin, Boulevard 141/D5
Fleurs, Cité des 135/F3
Fleurus, Rue de 150/B5
Foch, Avenue 141/E3-142/A3
Foin, Rue du 152/A2
Folie Méricourt, Rue de la
146/B4
Fondary, Rue 148/B4
Fontaine au Roi, Rue de la 146/B4
Fontainebleau, Allée de 139/E4
Fontenoy, Place de 149/D4
Fort de Douaumont, Boulevard
du 135/D2
Fort de Vaux, Boulevard du 134/C3
Fossés Saint Bernard, Rue des 151/F4
Four, Rue du 150/C4
Fourcroy, Rue 142/C1
France, Avenue de 158/B3
François 1er, Rue 142/C4-143/D4
François Bonvin, Rue 149/D5-155/D1
François Mauriac, Quai 158/A3
François Miron, Rue 151/F3
François Mitterand, Quai 150/B1
François Truffaut, Rue 159/D4
Franco Russe, Avenue 148/C1
Francs Bourgeois, Rue des 151/F2
Franklin D. Roosevelt, Avenue 143/E3
Frémicourt, Rue 148/C5
Fresnel, Rue 142/B5-148/B1
Freycinet, Rue 142/C4
Friedland, Avenue de 142/C3
Froissart, Rue 152/A1
Froment, Rue 152/B2

G

Gabriel, Avenue 143/F4
Gabriel Laumain, Rue 145/E3
Gaillon, Rue 144/C3
Galilée, Rue 142/C4-B4
Gambetta, Avenue 147/E5-153/E1
Garancière, Rue 150/C4
Gare, Porte de la 159/D5
Gare, Quai de la 158/C4
Garibaldi, Boulevard 149/D5
Gaston Tessier, Rue 138/C2
Gay Lussac, Rue 151/D5
Général Bertrand, Rue du 149/E4
Général Brunet, Rue du 147/E1
Général Catroux, Place du
135/D5
Général Foy, Rue du 143/F1

Général Kœnig, Boulevard du 140/A2
Général Leclerc, Boulevard du 132/B4
Général Lemonnier, Avenue du
150/B1
Général Michel Bizot, Avenue du
159/F4
Geoffroy l'Asnier, Rue 151/F3
Georges Berger, Rue 143/E1
Georges Bizet, Rue 142/C4
Georges Lardennois, Rue 146/C2
Georges Mandel, Avenue
141/E5-148/A1
Georges Pompidou, Place 151/E2
George V, Avenue 142/C4
Gesvres, Quai de 151/E2
Gironde, Quai de la 139/D2
Gobelins, Avenue des 157/E2
Godot de Mauroy, Rue 144/B3
Gourgaud, Avenue 134/C4
Gouvion Saint Cyr, Boulevard
141/F2-142/A2
Gramont, Rue de 144/C4
Grande Armée, Avenue de la
141/F2-142/A2
Grands Augustins, Quai des 151/D3
Grands Augustins, Rue des 150/C3
Grange aux Belles, Rue de la 146/A3
Grange Batelière, Rue de la 145/D3
Gravilliers, Rue des 145/F5
Grenelle, Boulevard de 148/B3
Grenelle, Rue de 149/D2-E2
Greneta, Rue 145/E5-D5
Gretry, Rue 144/C4
Guénégaud, Rue 150/C3
Guillaume Bertrand, Rue
146/C5-152/C1
Gustave-Eiffel, Avenue 148/B2
Guynemer, Rue 150/B5-156/B1

H

Halles, Rue des 151/D1
Hamelin, Rue 142/B4
Harpe, Rue de la 151/D4
Haussmann, Boulevard
143/D2-F2
Hauteville, Rue d' 145/E3
Havre, Rue du 144/B2
Hector Malot, Rue 152/C5-158/C1
Helder, Rue du 144/C3
Henri IV, Boulevard 151/F4-152/A4
Henri IV, Quai 152/A4
Henri Martin, Avenue 141/D5
Henri Monnier, Rue 144/C1
Henri Murger, Rue 146/C2
Henri Turot, Rue 146/B2
Hérold, Rue 145/D5
Hoche, Avenue 142/C3
Hôpital, Boulevard de l' 157/F4
Hôpital Saint Louis, Rue de l' 146/A2
Hôtel de Ville, Quai de l' 151/E2
Hugo Victor, Boulevard 135/E1

I

Iéna, Avenue d' 142/C3
Iéna, Place d' 142/B5
Iéna, Pont d' 148/B2
Indochine, Boulevard d' 139/F4
Inkermann, Boulevard d' 133/E4-E5
Invalides, Boulevard des 149/E4
Invalides, Place des 149/E2
Invalides, Pont des 143/E5-149/E1
Isly, Rue de l' 144/A2
Israel, Place d' 134/C5
Italie, Avenue d' 157/F5
Italie, Place d' 157/F4
Ivry, Quai d' 159/E5

J

Jacob, Rue 150/B3
Jacques Baudry, Rue 155/D5
Jacques Louvel Tessier, Rue 146/B3
Jean Aicard, Avenue 147/D5
Jean Bart, Rue 150/B5
Jean Bouton, Rue 152/C5
Jean Daudin, Rue 149/D4
Jean Ferrandi, Rue 150/A5
Jean Giraudoux, Rue 142/B4
Jean Goujon, Rue 143/D5
Jean-Jacques Rousseau, Rue 150/C1
Jean Jaurès, Avenue 138/B5
Jean Jaurès, Boulevard 135/D1
Jean Jaurès, Rue 132/A5
Jean Mermoz, Boulevard 133/D4
Jean Mermoz, Rue 143/E4
Jean Moulin, Avenue 156/A5
Jean Nicot, Rue 149/D1
Jemmapes, Quai de 146/A2-A3
Jeûneurs, Rue des 145/D4
Joly, Cité 147/D5-153/D1
Joubert, Rue 144/B3
Juge, Rue 148/B4
Jules César, Rue 152/B4
Jules Ferry, Boulevard 146/B4
Jules Romains, Rue 146/C3
Jules Verne, Rue 146/C3
Julia Bartet, Rue 155/D5
Juliette Dodu, Rue 146/B2
Junot, Avenue 136/C4
Jussieu, Place 151/E5
Jussieu, Rue 151/E5

K

Keller, Rue 152/C3
Kléber, Avenue 142/B5
Kyoto, Place de 148/B3

L

Labie, Rue 142/A1
Laborde, Rue de 143/F2
La Bourdonnais, Avenue de 148/C1
La Bruyère, Rue 144/B1
Lacharrière, Rue 152/C1

Lacuée, Rue 152/B4
La Fayette, Rue 144/C3-145/F1
Laffitte, Rue 144/C3
Lakanal, Rue 148/B5-154/B1
Lallier, Rue 145/D1
Lamartine, Rue 144/C2
La Motte Picquet, Avenue de 148/C4
Lancry, Rue de 145/F4-146/A4
Lannes, Boulevard 141/D5
Laos, Rue du 148/C4
Lappe, Rue de 152/B3
Las Cases, Rue 149/F2
Laumière, Avenue de 139/D5
Lauzin, Rue 146/C2
Ledru Rollin, Avenue 152/C4-B5
Lefebvre, Boulevard 154/B4
Le Goff, Rue 151/D5
Léon Jouhaux, Rue 146/A4
Léopold Bellan, Rue 145/D5
Le Peletier, Rue 144/C3
Letellier, Rue 148/B4
Levant, Cour du 159/E4
Lhomond, Rue 151/D5-157/D1
Liège, Rue de 144/A1
Lille, Rue de 149/F1-150/A1
Linois, Rue 148/A4
Lisbonne, Rue de 143/D2
Littré, Rue 150/A5
Loire, Quai de la 138/B5
Lombards, Rue des 151/E2
Londres, Rue de 144/A2
Longchamp, Allée de 140/A5
Louis Armand, Cour 152/B5-158/B1
Louis le Grand, Rue 144/B4
Louis Pasteur Vallery Radot, Rue 136/B1
Louis Philippe, Pont 151/E3
Lourcine, Villa de 156/C4
Louvre, Place du 150/C2
Louvre, Rue du 151/D1
Lowendal, Avenue de 149/D4
Lübeck, Rue de 142/B5-148/B1
Lucien Sampaix, Rue 145/F3-146/A3
Lutèce, Rue de (1) 151/D2
Lyon, Rue de 152/B3-B5

M

Macdonald, Boulevard 138/B1-139/E2
Mac Mahon, Avenue 142/B2
Madame, Rue 150/B5
Madeleine, Boulevard de la 144/A4
Madrid, Avenue de 140/B1
Madrid, Rue de 143/F2
Magenta, Boulevard de 137/E5-145/F3
Mahatma Gandhi, Avenue du 140/B3
Mail, Rue du 145/D5
Maillot, Boulevard 141/D2

Maine, Avenue du 149/F5-150/A5-155/F1-F2-156/A2
Maire, Rue au 145/F5
Malakoff, Avenue de 141/F2-142/A2
Malaquais, Quai 150/B2
Malar, Rue 149/D1
Malesherbes, Boulevard 135/D5-143/F2
Malher, Rue 152/A3
Malte, Rue de 146/B5-B4
Mandar, Rue 145/D5
Marbeuf, Rue 143/D4
Marceau, Avenue 142/C3
Maréchal de Lattre de Tassigny, Place du 141/E3
Maréchal Galliéni, Avenue du 149/E2
Maréchal Joffre, Quai de 133/D1
Marie, Pont 151/F3
Marignan, Rue de 143/D4
Marigny, Avenue de 143/E4
Mario Nikis, Rue 149/D4
Marlène Dietrich, Place 142/B5
Marne, Quai de la 139/D4
Martel, Rue 145/E3
Martignac, Rue de 149/F2
Martyrs, Rue des 144/C1-C2
Mathurin Moreau, Avenue 146/B2
Mathurins, Rue des 143/F3-144/A3
Matignon, Avenue 143/E4-D5
Maubert, Place 151/E4
Maubeuge, Rue de 145/D2
Maurice Barrès, Boulevard 140/B1
Maurice de la Sizeranne, Rue 149/E5
Mazarine, Rue 150/C2
Meaux, Rue de 146/B1
Médéric, Rue 143/D1
Médicis, Rue de 150/C4
Mégisserie, Quai de la 151/D2
Ménilmontant, Boulevard de 147/D2
Meslay, Rue 145/F4
Messageries, Rue des 145/E2
Messine, Avenue de 143/E2
Metz, Rue de 145/E3
Michelet, Quai 133/D2
Michel Le Comte, Rue 145/F5-151/F1
Milan, Rue de 144/B1
Milton, Rue 145/D1
Minimes, Rue des 152/A2
Miollis, Rue 149/D5-155/D5
Miromesnil, Rue de 143/E1
Molière, Rue 144/C5
Monceau, Rue de 143/D2
Moncey, Rue 144/B1
Monge, Rue 151/E4-157/E2
Monsieur, Rue 149/F4
Monsieur le Prince, Rue 150/C4
Monsigny, Rue 144/C4
Montagne Sainte Geneviève, Rue de la 151/E4

Montebello, Quai de 151/D3
Montholon, Rue de 145/D2
Montmartre, Boulevard de 145/D3
Montmartre, Rue 145/D3
Montmorency, Rue de 145/E5-151/E1
Montorgueil, Rue 145/D5-151/D1
Montparnasse, Boulevard du 149/F5
Monttessuy, Rue de 148/C1
Mont Thabor, Rue du 144/A4
Morand, Rue 146/C4
Moreau, Rue 152/B4
Moret, Rue 146/C4
Morland, Boulevard 152/A4
Morland, Pont 152/A5
Mouffetard, Rue 157/E1-E2
Moufle, Rue 152/C2
Moulin Joly, Rue du 146/C4
Moussorgsky, Rue 138/B2
Moynet, Cité 159/F2
Murillo, Rue 143/D2

N

Nancy, Rue de 145/F3
Naples, Rue de 143/F1
Nation, Place de la 153/F4
Nations Unies, Avenue des 148/B2
Navarin, Rue de 144/C1
Neuf, Pont 151/D2
Neuilly, Porte de 140/B1
Néva, Rue de la 142/C2
New York, Avenue de 148/B2
Ney, Boulevard 136/B1-137/D1
Niel, Avenue 142/C1
Notre Dame, Pont 151/E3
Notre Dame de Lorette, Rue 144/C1
Notre Dame de Nazareth, Rue 145/E4
Notre Dame des Champs, Rue 150/B5
Notre Dame des Victoires, Rue 145/D5

O

Oberkampf, Rue 146/B5-152/B1
Observatoire, Avenue de l' 156/C3
Oise, Quai de l' 139/D4
Opéra, Avenue de l' 144/B4
Opéra, Place de l' 144/B3
Orfèvres, Quai des 151/D2
Orillon, Rue de l' 146/C4
Orléans, Quai d' 151/E3
Ornano, Boulevard 137/D2
Orsay, Quai d' 149/D1
Oudinot, Rue 149/E4
Ourcq, Galerie de l' 139/E3
Ours, Rue aux 145/E5-151/E1

P

Paix, Rue de la 144/B4
Palais Bourbon, Place du 149/F1
Palestine, Rue de 147/E2

Panhard et Levassor, Quai **159/D4**
Panthéon, Place du **151/D5**
Paradis, Cité **145/E2**
Paradis, Rue de **145/E2**
Parc Royal, Rue du **152/A2**
Parmentier, Avenue **146/B3-C5**
Parrot, Rue **152/C5**
Pasteur, Avenue **154/B5**
Pasteur, Boulevard **149/E5-155/**
E1-E2
Pasteur, Rue **152/C1**
Pastourelle, Rue **145/F5-146/**
A5-152/A1
Paul Baudry, Rue **143/D3**
Paul Cézanne, Rue **143/D3**
Paul Klee, Rue **158/B2**
Paul Valéry, Rue **142/A3**
Payenne, Rue **152/A2**
Pelée, Rue **152/B2**
Penthièvre, Rue de **143/E3**
Pépinière, Rue de la **143/F2-144/A2**
Pérignon, Rue **149/D5**
Pérouse, Rue La **142/B4**
Perrée, Rue **146/A5**
Pershing, Boulevard **141/F1-142/A1**
Petite Dauphine à la Porte des Sablons,
Route de la **141/D2**
Petites Écuries, Rue des **145/E3**
Petit Musc, Rue du **152/A4**
Petit Pont **151/D3**
Petit Pont, Rue du **151/D4**
Petits Champs, Rue Croix des **150/C1**
Petits Champs, Rue des **144/C4**
Pétrelle, Rue **145/D1**
Philippe Auguste, Avenue **153/E2**
Philippe Hecht, Rue **146/C2**
Pierre 1er de Serbie, Avenue **142/B5**
Pierre Charron, Rue **143/D4**
Pierre Demours, Rue **142/B1**
Pierre Dupont, Rue **146/A1**
Pierre et Marie Curie, Rue **151/D5**
Pierre Leroux, Rue **149/F4**
Pierre Lescot, Rue **151/E1**
Pierre Levée, Rue de la **146/B3**
Pigalle, Place **136/C5-144/C1**
Pigalle, Rue **144/B2**
Pillet Will, Rue **144/C3**
Plâtre, Rue du **151/F2**
Poirier, Villa **149/D5-155/D1**
Poissonnière, Boulevard **145/D3**
Poissonniers, Rues des **137/E4**
Poitiers, Rue **150/A2**
Poitou, Rue de **152/A2**
Pologne, Avenue de **141/D4**
Poncelet, Rue **142/C1**
Poniatowski, Boulevard **159/E5**
Pont Neuf **151/D2**
Pont Neuf, Rue du **151/D2**
Pontoise, Rue de **151/E4**
Popincourt, Rue **152/C2**
Portalis, Rue **143/F2**

Porte d'Asnières, Avenue de la
135/D3
Porte de Champerret, Avenue de la
133/F4-134/A4
Porte de Clichy, Avenue de la **135/E2**
Porte de Clignancourt,
Avenue de la **137/D1**
Porte de Courcelles **134/B4**
Porte de la Plaine, Avenue de la
154/B4
Porte de Madrid, Carrefour de la
140/B3
Porte des Sablons à la Porte Maillot,
Route de la **141/D2**
Porte des Ternes **141/F1-142/A1**
Porte de Villiers, Avenue de la
133/F4-134/A4
Porte d'Issy, Rue de la **154/A4**
Porte Maillot, Place de la
141/F2-142/A2
Port Royal, Boulevard de **156/C2**
Président Kennedy, Avenue du
148/A3
Président Paul Doumer, Quai du
132/B4
Président Wilson, Avenue du
142/B5-148/B1
Provence, Rue de **144/B3**
Pyramides, Rue des **144/B5-150/B1**

Q

Quatre Septembre, Rue du
144/C4-154/A5
Quentin Bauchart, Rue **142/C4**
Quinault, Rue **148/C5-154/C1**
Quincampoix, Rue **151/E2**

R

Rabelais, Rue **143/E3**
Racine, Rue **150/C4**
Rambouillet, Rue de **159/D1**
Rambuteau, Rue **145/D5-151/**
E1-D1
Ramponeau, Rue **146/C2**
Rapée, Quai de la **152/B5-158/B1**
Rapp, Avenue **148/C2**
Raspail, Boulevard **150/A3-B5-**
156/B1
Raymond Losserand, Rue **155/D5**
Raymond Poincaré, Avenue
141/F3-142/A2
Réaumur, Rue **145/E5**
Rébeval, Rue **146/C3**
Récollets, Rue des **145/F2-146/A2**
Regard, Rue du **150/A4**
Reims, Boulevard de **134/C4**
Reine, Cours la **143/E5**
Reine Marguerite, Allée de la **140/A5**
Renard, Rue du **151/E2**
René Boulanger, Rue **145/F4**
René Coty, Avenue **156/B4**

Rennes, Rue de **150/A5-156/A1**
République, Avenue de la **146/B4**
République, Place de la **146/A4**
Résistance, Place de la **148/C1**
Reuilly, Boulevard de **159/E2**
Ribot, Cité **147/D4**
Richard Lenoir, Boulevard
146/B5-152/B3
Richard Lenoir, Rue **153/D2**
Richard Lenoir, Square **152/B1**
Richard Wallace, Boulevard **140/A2**
Richelieu, Rue de **144/C5-150/C1**
Richerand, Avenue **146/B3**
Riverin, Cité **145/F4**
Rivoli, Rue de **144/A5-151/D1**
Robert Blache, Rue **146/A2**
Robert Esnault Pelterie, Rue **149/E1**
Robert Schuman, Avenue **149/D1**
Rochebrune, Rue **152/C1**
Rochechouart, Boulevard de
136/C5-144/C1
Rochechouart, Rue de **145/D2**
Rocher, Rue du **143/F1**
Rocroy, Rue de **145/E1**
Rodier, Rue **145/D2**
Roi de Sicile, Rue du **151/F2**
Roland Barthes, Rue **152/C5-158/C1**
Rollin, Rue **151/E5-157/E1**
Roquépine, Rue **143/F3**
Roquette, Rue de la **152/B2**
Rosiers, Rue des **151/F2**
Roule, Square du **142/C2**
Rousselet, Rue **149/F4**
Royal, Pont **150/B2**
Royale, Rue **143/F4-144/A4**
Rude, Rue **142/B3**

S

Sablons, Carrefour des **141/D2**
Sablons, Porte des **141/D2**
Said, Villa **141/E3**
Saint Ambroise, Rue **152/C1**
Saint Antoine, Rue **152/A3**
Saint Augustin, Place **143/F2**
Saint Augustin, Rue **144/C4**
Saint Bernard, Quai **151/F4**
Saint Charles, Square **153/E5**
Saint Claude, Rue **152/A1**
Saint Denis, Boulevard **145/E4**
Saint Denis, Rue **145/E5-151/E2**
Saint Dominique, Rue
148/C2-149/E2
Sainte Anne, Rue **144/C5**
Sainte Cécile, Rue **145/D3**
Sainte Croix de la Bretonnerie, Rue
151/E2
Saint Fiacre, Rue **145/D4**
Saint Georges, Rue **144/C3**
Saint Germain, Boulevard
149/F1-150/C3
Saint Gilles, Rue **152/A2**

Saint Guillaume, Rue 150/B3
Saint Honoré, Rue 144/B5-A4-150/C1
Saint Jacques, Boulevard 156/C4
Saint Jacques, Rue 157/D2
Saint James, Port 140/B2
Saint Joseph, Rue 145/D4
Saint Lazare, Rue 144/A2-B2
Saint Louis, Pont 151/E3
Saint Louis en l'Île, Rue 151/E3
Saint Marc, Rue 144/C3
Saint Marcel, Boulevard 157/E3
Saint Martin, Boulevard 145/F4
Saint Martin, Rue 151/E1
Saint Maur, Rue 146/B3-C5
Saint Michel, Boulevard 156/C1
Saint Michel, Quai 151/D3
Saint Nicolas, Rue 152/C4
Saintonge, Rue de 152/A1
Saint-Ouen, Avenue de 136/A4
Saint Paul, Rue 152/A3
Saint Quentin, Rue de 145/F2
Saint Roch, Rue 144/B5
Saint Romain, Rue 149/F5-150/A5
Saint Sabin, Rue 152/B2
Saint Saëns, Rue 148/B3
Saint Sauveur, Rue 145/E5
Saints Pères, Rue des 150/B4
Saint Sulpice, Rue 150/C4
Saint Vincent de Paul, Rue 145/E1
Sambre Meuse et, Rue de 146/B2
Saulnier, Rue 145/D3
Saussaye, Boulevard de la 132/C4
Saxe, Avenue de 149/D4
Scribe, Rue 144/B3
Sébastopol, Boulevard de 151/E2
Secrétan, Avenue 138/B5-146/B1
Sedaine, Rue 152/B3
Ségur, Avenue de 149/D4
Seine, Quai de la 138/B5
Seine, Rue de 150/C2
Sentier, Rue du 145/D4
Sérurier, Boulevard 139/F3-F4
Servandoni, Rue 150/C4
Sévigné, Rue de 152/A3
Sèvres, Rue de 149/E5-150/B4-155/E1
Sèvres à Neuilly, Route de 140/A3
Sextius Michel, Rue 148/B4
Sèze, Rue de 144/A4
Simon Bolivar, Avenue 146/C1
Simplon, Rue du 137/D2
Somme, Boulevard de la 134/B4
Sommerard, Rue du 151/D4
Soufflot, Rue 151/D5
Sourdiere, Rue de La 144/B5
Staël, Rue de 149/E5-155/E1
Stéphan Pichon, Avenue 157/E2
Strasbourg, Boulevard de 145/F4
Suffren, Avenue de 148/B2-C4
Sully, Pont de 151/F4-152/A4

Sully, Rue de 152/A4
Surcouf, Rue 149/E1
Surène, Rue de 143/F3

T

Taillandiers, Rue des 152/C3
Taitbout, Rue 144/C3
Temple, Boulevard du 146/A5
Temple, Rue du 145/F5-146/A5-151/F1-E2-152/A1
Ternes, Avenue des 141/F1-142/A1
Terrage, Rue de 146/A2
Tesson, Rue 146/B3
Théophile Roussel, Rue 152/C4
Thorigny, Rue de 152/A2
Tilsitt, Rue de 142/B3
Tiphaine, Rue 148/B4
Tolbiac, Pont de 159/D4
Torricelli, Rue 142/B1
Tour d'Auvergne, Rue de la 145/D1
Tour Maubourg, Boulevard de la 149/E3
Tournefort, Rue 151/E5-157/E1
Tournelle, Pont de la 151/F4
Tournelle, Quai de la 151/E4
Tournelles, Rue des 152/B2
Tournon, Rue de 150/C4
Tourville, Avenue de 149/D3
Traversière, Rue 152/B5
Trémoille, Rue de la 143/D5
Trévise, Cité de 145/D2
Trévise, Rue de 145/D3
Trocadéro et du 11 Novembre, Place du 141/F5-142/A5-148/A1
Trois Bornes, Rue des 146/B5
Tronchet, Rue 144/A3
Trône, Avenue du 153/F4
Trousseau, Rue 152/C4
Trudaine, Avenue 145/D1
Tuileries, Quai des 143/F5-144/A5-149/F1-150/A1
Turbigo, Rue de 145/D5-151/D1
Turenne, Rue de 152/A3

U

Ulm, Rue d' 157/D1
Université, Rue de l' 148/C2-149/F2-150/A2
Uzès, Rue d' 145/D3

V

Valadon, Rue 149/D2
Valentin Haüy, Rue 149/E5
Valette, Rue 151/D5
Valhubert, Place 152/A5-158/A1
Valmy, Quai de 146/A2-A3
Valois, Rue de 144/C5-150/C1
Vaneau, Rue 149/F3-F4
Varenne, Rue de 149/E3
Vauban, Place 149/E3
Vaucouleurs, Rue de 146/C4

Vaugirard, Boulevard de 155/E2
Vaugirard, Rue de 150/B5-154/B4-155/E1
Velasquez, Avenue 143/E1
Vendôme, Place 144/B4
Verdun, Avenue de 145/F2-146/A2
Verdun, Boulevard de 132/C1
Vernet, Rue 142/C3
Verneuil, Rue de 150/A2
Verrerie, Rue de la 151/E2
Vertbois, Rue du 145/F4
Verte, Allée 152/B2
Verzy, Avenue de 141/F1-142/A1
Viala, Rue 148/B4
Vicq d'Azir, Rue 146/B2
Victoire, Rue de la 144/B2
Victor Hugo, Avenue 141/F4-E5-142/A4
Victor Hugo, Boulevard 133/D2
Victor Hugo, Place 141/F4-142/A4
Victoria, Avenue 151/D2
Victor Massé, Rue 144/C1
Vieille du Temple, Rue 151/F2
Vienne, Rue de 143/F2-144/A2
Vignon, Rue 144/A4
Villemain, Avenue 155/F4
Villette, Boulevard de la 138/B5-146/B2
Villette, Galerie de la 139/D2
Villiers, Avenue de 134/B5-135/E5-143/E1
Villiers, Boulevard de 133/F4-134/A4
Vinaigriers, Rues des 145/F3-146/A3
Vincent Auriol, Boulevard 157/F4-158/A4
Violet, Rue 148/B5
Visconti, Rue 150/C3
Vivaldi, Allée 159/E5
Vivienne, Rue 144/C5
Vollars, Avenue de 149/E3
Volta, Rue 145/F5
Voltaire, Boulevard 146/A5
Voltaire, Quai 150/B2
Vosges, Place des 152/A3

W

Wagram, Avenue de 134/C5-142/C1-C2
Washington, Rue 143/D3
Winston Churchill, Avenue 143/E5

X

Xaintrailles, Rue 158/B4
Yser, Boulevard de l' 133/F5-134/A5
Yvart, Rue 154/C3
Yves Toudic, Rue 145/F3

Z

Zénith, Allée du 139/E3

ABC

Im Register finden Sie alle in diesem Reiseführer beschriebenen Sehenswürdigkeiten, Museen und Ausflugsziele sowie die Namen wichtiger Personen. Halbfette Seitenzahlen verweisen auf den Haupteintrag.

Abracadabar 88
Ägyptische Sammlung (Louvre) 120
Alimentation Générale 88
Anticafé 51
Aquarius 60
Arc de Triomphe 16
As du Fallafel, L' **57**, 172
Atelier de Joel Robuchon, L' **68**, 174
Atelier International de Maquillage 48
Atmosphère, L' 51
Auberge de Jeunesse Adveniat 5, **107**
Au Pied de Fouet 52
Au P'tit Grec 57
avenue d'Ivry 41
avenue George V 74
avenue Matignon 74
Bambin Troc 127
Banlieues Bleues 19
Bar Ourcq 85
Bassin de la Villette 49
Bastille 33, 52, **97**, 103, 113
Batobus **13**
Batofar 89
Bazar de l'Hôtel de Ville 67
Beaux-Arts, Kunstakademie 22
Bed & Breakfast 102
Belleville 89
Belleviloise, La 90
Biron, Hôtel 67
Bistrot des Dames, Le 103
Bistrot Richelieu 54
Boileau, Hôtel 100
Bois de Boulogne **42**, 115
Bon Marché 79
Bouillon Belge, Le 64
BVJ Louvre 108
Café de l'Industrie 52
Café Chéri(e) 85
Camping Maisons Laffittes 111
canal de l'Ourcq 25, 102
canal Saint-Martin 51, 60, 86
Cannibale Café 85
Carte Mobilis **10**, 172, 174
Carte Paris Visite 10
Caveau de la Huchette 94, 97
Caverne, Le 94
Centquatre, Le 27
Centre Crédac 25
Centre Pompidou 15, 30, 60, 62, 101, 108, **124**, 127
Champs-Élysées 5, 10, 16, 24, 38, 47, 50, 58, 68, 74, 76, **97**, 108
Chartier **54**
Châtelet – Les Halles 10, 15, 33, 94, 101, 108
Chercheminippes 80, 172

Chez Gladines 55
Chez Marianne 60, 174
Chez Prune **86**, 174
Chinatown 41
Chinemachine 5, **80**, 174
Chinesisches Neujahrsfest 41, 47
Chouchou 60
Cinémathèque française 24
Cité des Sciences et de l'Industrie 118
Cité international des Arts 31
City-Pharma 75
Cocottes, Les 68, 174
Comédie-française 33
Coquelicot **52**, 174
Cosmos Hotel 101
Cour Carré, La 61
Crocodisc 80
Crous (Studentenwerk) .102
Cyrano, Le **96**, 97
Dame de Canton, La 90
Daily Syrien, Le 62
Délices Lepic 63
Discover Walks Paris 46
Disneyland Resort Paris 106, 111, **126**
Djoon, Le 90
Du Pareil au même 127
Église Saint-Merry 31
Eiffelturm 24, 29, 39, 40, **119**, 172
Eldorado, Le 84
Emmaüs Défi 81
Ermitage Sacré-Cœur, L' 103
Fahrräder (Vélib') 6, **12**
Favela Chic **91**, 172
Ferienwohnungen 99
Ferienwohnungen von Bertrand, Die 99
Fête de la Musique 20
Fête du Cinema 25
Filmmuseum 24
Flam's 119
Flunch 120
Food Market 4, **58**
Fortunée 82
Forum des Halles **123**
Fourmi, La 87, 172
Foyer de la Madeleine 55
Fresque, La 55
Friseurschule ISEC 48
Galerie du Marais 22
Galerie Mickael Marciano 22
Galerie Modus 22
Galeries Lafayette 36, **39**, 68, **79**, 174
Galerie Véro-Dodat 74
Galerie Vivienne 74
Gaya 69

Géode, La 118
Goutte d'or 41
Grand Palais 21
Grenier, Le 64
Gym Suédoise, La 37
Herse de l'Or, Hôtel de la 103
Higuma **63**, 172
Hotel, L' **112**, 174
Hôtel de Rohan-Guéménée 28
Hôtel des Arts 100
Hôtel de Ville 13, **34**, 37
Hôtel du Cygne 101
Hôtel du Nord 51
Hostels 98
Île de la Cité 13, **17**, 119
Île Saint-Louis 13, 61
Institut du Monde Arabe 36, **40**, 66, 174
Internet-Cafés 5
Internationale, L' 94
ISEC, Friseurschule 48
Jardin d'Acclimatation 115
Jardin des Papillons 116
Jardin des Plantes 122
Jardin de Villiers, Hôtel 103
jardin du Luxembourg 10, **115**, 123
Jolies Mamans 118
Journées Européennes du Patrimoine 34
Kantine, La; Kaufhausrestaurant, BHV 67
Khatag 63
Kino Épée de Bois 24
Kino Filmothèque du Quartier Latin 24
Kino Grand Action 24
Kiosque Paris jeune 20
Kookaï 79
Krishna Bhavan 65
Lescure 56
Les Halles 20, 32, 55, 78, 108, **123**
Louvre 13, **17**, 61
Lux-Bar **52**, 63, 172
Lux Hôtel Picpus 104
Maison Europééne de la Photographie 15, 30
Maison de la Poésie 28
Maison de Victor Hugo 30
Maison du Savon de Marseille 71
Manguier, Le 85
Marais 56, 60, **97**, 106, 110
Marché aux Puces de Saint-Ouen 75
Marché Belleville 77
Marché d'Aligre 4, **77**
Marché, Le 56
Marché Saint-Pierre 71
Marelle, La **82**

Marmite, La **56**, 172
Maroquinerie Parisienne **82**, 174
Mauri 7 87
Mije Fourcy, Hôtel 108
Milk, Internet-Café 15
Mois de la Photo 21
Montmartre 5, **8**, **16**, 29, **40**, 48, 53, 55, 71, 79, 80, 88, 97, 99, 100, 103
Moucharabieh, Le 66
Moulin Rouge 62, 97, 100
Mouton à 5 Pattes 79
mur des je t'aime, Le 44
Mûre 4, 67
Musée Carnavalet 30
Musée Cognacq-Jay 19
Musée d'Art Moderne de la Ville de Paris **29**, 30, 172
Musée de la Chasse 17
Musée de la vie romantique **29**, 174
Musée de Minéralogie de l'École des Mines 123
Musée des Arts et Métiers 20
Musée d'Orsay **13**, 17, 30, 99
Musée du Parfum **35**, 174
Musée du Quai Branly – Jacques Chirac 17, **30**, 124
Musée gourmand du chocolat 122
Musée national Picasso 30
Musée Rodin (Skulpturengarten) **44**, 172
Muséum national d'Histoire naturelle 121
Nacht der Museen 19
Nationalfeiertag 47
Nesle, Hôtel de 105
Neuilly-sur-Seine **42**, 115
Notre Dame **13**, 17, **31**, **35**, 40, 119
Oops Hotel 110
Off Paris Seine 112
Officiel des spectacles, L' 15, 46
Open Air Kino 25
Opéra Bastille 33
Opéra Garnier **33**, 40, 105, 174
Ouest-Hôtel, l' 105
Palace, Hôtel 106
Palais de Tokyo 27
Panthéon 61
Parc de Bagatelle 42
Parc Clichy Batignolles 104
Parc de la Villette 25, 110, **116**
Parc des Buttes-Chaumont 77
Parc Floral 18, 31, **114**, **116**
Parc Monceau 15
Parc Rives de Seine 116
Parfumerie Burdin 82
Pari Roller 37
Paris Jazz Festival 31
Paris-Marathon 37
Paris Museum Pass 29
Paris Navigo Decouverte 10
Paris Plages 36, **48**
Paris Store 41
Parisien d'un Jour 46

Parking Paris 7
Passage Brady **42**
Passage des Panoramas 74
Passages Couverts 72
Pavillon de la Reine 113
Péniche Cinéma 4, **25**
Péniche Johanna 99
Père Lachaise, Friedhof 36, **45**
Perlea, Wohnung 100
Petit Palais 18, 30, 174
Petit Saint-Benoit, Le 56, 172
Pho 14 66
Picknick 61, 116
Piaules, Les 110
place Charles de Gaulle 10
place de la Bastille 47
place de la Concorde 10, 56, 97
place des Vosges **17**, **22**, 30, 57, 112, 113
place d'Italie 41, 66
place du Marché Sainte-Catherine 106
place Sainte-Marthe 87
place Sainte-Catherine 21
place du Tertre 48, 62
Pomme de Pain 58
Pont des Arts 61
Pont d'Iena 15
Pop In 93
Porte des Amandiers 45
Porte Gambetta 67
Pratic, Hôtel 106
Privatwohnungen 102
Promenade Plantée 15
Puces de Saint-Ouen 75
Puces de Vanves 75
Reciproque 5, **82**
Rex-Club 93
Rice Bar, The 58
Roller et Coquillages 38
rue Abbesses 52
rue Balzac 69
rue d'Alesia 81
rue Dejean 42
rue de Lappe 97
rue de la Vieuville 80
rue de Poissioniére 42
rue de Poulet 42
rue de Seine 22
rue des Rosiers 58
rue du Faubourg Saint-Honoré 82
rue François I 74
rue Lepic 58
rue Mouffetard 58
rue Oberkampf 85
rue Rivoli 95
rue Verriere 97
Sacré-Cœur **16**, **40**, 63, 97, 101, 103, 111
Sainte-Marie, Hôtel 106
Saint-Germain-des-Prés 53, 75, **97**, 101, 116
Saint-Eustache 32, 123

Salon du Livre et de la Presse Jeunesse, Le 28
Sardine, La 87
Seine 12, 15, 23, 35, 37, 47, 50, 61, 88, 89, 98, 100, 110, 112, 116
Sephora 76
Septime 69
Solar Hôtel **107**, 172
Spielplätze 114, 115, 116
Stadtführungen **44**, 46
St Christopher's Paris Hostel 110
Stock Bonpoint 127
Stock Georges Rech 81
Stock Simone Pérèle 81
Stock Sonia Rykiel 81
Strawinski-Brunnen 124
Studio 13/16 26
Studentenwohnheime 102
Sully, Hôtel 21
Sunset-sunside 94
Sympa 79
Tage der offenen Tür in Künstlerateliers 21
Tambour, Le 88
Tang Frères 41
Tati 71
Techno Parade 22
The Rice Bar 60
ticket t 10
Tiquetonne, Hôtel 107
Touristeninformation 11
Tour de France Finale 39
Tour Rando Vélo 39
Touristenpässe 10
Triangle d'Or 74
Trianon Palace 113
Tribal Café, Le 64
Trocadéro 15, **47**
Trois Frères, Les 64
Truskel Club 93
Tuilerien 36, 44
Udo Bar 88
Uniqlo Paris Opéra 79
Urban Art Museum 4, **28**
Urfa Dürüm 60
Vallée Village, La 81
Vélib, Stadtfahrräder 6, **12**
Viaduc des Arts 74
Vieux Belleville, Le 96
Villette Sonique 22
Vin en tête, Le 72
VTC (Voiture de Tourisme) **10**, 174
Walt Disney Studio Park 126
Weinfest 40
WLAN 15
Wohnungstausch 102
Woodstock Hostel 111
Zéro Zéro 94
Zazie Hotel 107

IMPRESSUM

SCHREIBEN SIE UNS!

> Liebe Leserin, lieber Leser,

wir setzen alles daran, Ihnen möglichst aktuelle Informationen mit auf die Reise zu geben. Dennoch schleichen sich manchmal Fehler ein – trotz gründlicher Recherche unserer Autoren/innen. Sie haben sicherlich Verständnis, dass der Verlag dafür keine Haftung übernehmen kann.

Wir freuen uns aber, wenn Sie uns schreiben.

Senden Sie Ihre Post an die
MARCO POLO Redaktion
MAIRDUMONT, Postfach 31 51
73751 Ostfildern
info@marcopolo.de

IMPRESSUM

Fotos: Auberge de Jeunesse Adveniat (109); P. Grammon (1); Hotel Boileau (101); huber-images: M. Borchi (32/33), F. Carovillano (38, 73), A. Saffo (170), G. Sirmeone (23); Laif/hemis.fr: B. Gardel (14), L. Maisant (43), L. Orteo (12, 26/27, 59, 62, 86, 91, 112, 120/121); Laif/REA: P. Sittler (78); L'Ouest Hotel (104/105); mauritius images/Alamy: P. Quayle (76/77); W. Pfister-Bläske (53, 83, 95); Schapowalow/Matto: G. Simeone (117, 125)

4., aktualisierte Auflage 2019
© MAIRDUMONT GmbH & Co. KG, Ostfildern
Gesamtredaktionelle Betreuung: derschönstesatz (Ronit Jariv), Köln
Lektorat und Satz: Petra Sparrer
Autorinnen: Felicitas Schwarz, Anna-Johanna Arbogast, Waltraud Pfister-Bläske
Kartografie Cityatlas: © MAIRDUMONT, Ostfildern
Gestaltung Cover: Michael Schipke, MAIRDUMONT; Innengestaltung: Katharina Kracker
Das Werk einschließlich aller seiner Teile ist urheberrechtlich geschützt. Jede urheberrechtsrelevante Verwertung ist ohne Zustimmung des Verlages unzulässig und strafbar. Das gilt insbesondere für Vervielfältigungen, Übersetzungen, Nachahmungen, Mikroverfilmungen und die Einspeicherung und Verarbeitung in elektronischen Systemen.
Printed in Italy

MIX
Paper from
responsible sources
FSC® C015829
www.fsc.org

Bild: Stählerne Lichtgestalt – der Eiffelturm kratzt am Pariser Himmel

48 h

> Spaß haben und jede Menge sparen! Wir haben Ihnen zwei erlebnisreiche Tage aus dem Band zusammen- und vergleichbaren „normalen" Aktivitäten gegenübergestellt

> **SA** Nach dem Kauf des Metro-Tagestickets **Carte Mobilis** *(S. 10)* beginnt der Tag mit Kunst: Im **Musée d'Art Moderne de la Ville de Paris** *(S. 29)* begegnen Sie Picasso & Co. in Form eindrucksvoller Werke. Nachdem der intellektuelle Hunger gestillt ist, ist nun der Magen dran. Lecker und schön exotisch schmecken die mit Kichererbsenbällchen gefüllten Pitabrote bei **L'As du Fallafel** *(S. 57)*. Gut gesättigt geht's zum Shoppen ins **Chercheminippes** *(S. 80)*, wo jede Menge Stoff darauf wartet, durchstöbert zu werden. Gönnen Sie sich nach einer gelungenen Einkaufstour ein klassisches Konzert in der wunderschönen Kathedrale Notre Dame *(S. 31)*. Mit dem **Batobus** *(S. 13)* erleben Sie danach die Stadt von einer weiteren Seite, nämlich von der Seine aus. Nach dem Abendessen im bodenständigen Bistro **Le Petit Saint-Benoît** *(S. 56)* und Abtanzen im **Favela Chic** *(S. 91)* fallen Sie todmüde in Ihr Bett im **Solar Hôtel** *(S. 107)*.

> **SO** Nachdem das Frühstück in Ihrem Hotel inklusive ist, können Sie von dort zum **Skulpturengarten des Musée Rodin** *(S. 45)* fahren und die Skulpturen des berühmten Bildhauers bewundern. Nach diesem Ausflug ins Grüne geht es direkt nach Japan: Ein Mittagsmenü bei **Higuma** *(S. 63)* ist so authentisch wie in den Nudelküchen Tokios. Nach fernöstlicher Essenskultur folgt ein absoluter Höhepunkt mit dem Besuch des Wahrzeichens von Paris: des **Eiffelturms** *(S. 119)*. Der Ausblick über die Mode-Metropole ist atemberaubend. Eine neuerliche Hungerattacke wird erfolgreich mit einem Riesensalat bei **La Marmite** *(S. 56)* bekämpft, der dank leckerer Knoblauch-Kartoffeln ordentlich satt macht. Für den Kaffee nach dem Essen tauchen Sie in der **Lux-Bar** *(S. 52)* tief in die Atmosphäre von Montmartre ein. Nach einem Bummel durchs Viertel ist ein Bier oder Wein im authentischen **La Fourmi** *(S. 87)* der perfekte Tagesabschluss.

LOW BUDGET
WEEKEND

	LOW BUDGET	REGULÄR
SA		
Carte Mobilis	7,50€	5 Metro-Einzelkarten .... 9,50€
Musée de l'Art		Musée National d'Art Moderne
Moderne de Paris	🐷	Centre Georges Pompidou ..... 14,00€
Falafel bei L'As du Fallafel	6,50€	Lunch im Restaurant .... 35,00€
Kauf eines Kleids im Secondhand-		Kauf eines neuen Kleids
Laden Chercheminippes	25,00€	in einer Boutique .... 105,00€
Konzert in Notre Dame	🐷	Konzert La Sainte-Chapelle .... 45,00€
Bootsfahrt mit Batobus	17,00€	Bootsfahrt über
Abendessen im		die Seine mit
Le Petit Saint-Benoit	17,00€	Abendessen inklusive .... 108,00€
Tanzen im Favela Chic		Besuch und Getränk
(inkl. Getränkegutschein)	15,00€	im Club (regulär) .... 45,00€
Übernachtung im Solar Hôtel ..	89,00€	Hotel (ohne Frühstück) .... 110,00€
SO		
Frühstück im Hotel	🐷	Frühstück im Café .... 13,50€
Carte Mobilis	7,50€	5 Metro-Einzelkarten .... 9,50€
Skulpturengarten Musée Rodin	4,00€	Skulpturen im Louvre .... 15,00€
Mittagsmenü Higuma	12,00€	Mittagessen jap. Restaurant ... 30,00€
Eiffelturm zu Fuß (2. Etage) ..	10,00€	Eiffelturm mit Aufzug .... 16,00€
Salat La Marmite	13,00€	Abendessen Restaurant......... 45,00€
Café an der Theke der Lux-Bar	1,20€	Café regulär .... 2,80€
Bier im La Fourmi	2,00€	Bier regulär .... 5,20€
GESAMT	**226,70€**	**GESAMT** .... **608,50€**

> GESPART   381,80€

48 h 👑

> Zwei Tage im Luxus schwelgen und dabei ordentlich sparen – mit „48h Luxus Low Budget" im Vergleich zu den regulären Preisen von Highclass-Hotels und Co.

> **SA** Zunächst laden Sie sich eine **VTC-App** herunter (S. 11), um günstig und bequem mit dem Auto durch Paris zu flitzen. Dann geht es zu edlen Düften, inmitten von Antiquitäten aus dem 20. Jh. Diese finden Sie im prestigereichen **Musée du Parfum** (S. 35). Derart eingestimmt, findet sich die Edelhandtasche bei **La Maroquinerie Parisienne** (S. 82) schnell, bevor es zu einem Gourmetimbiss in die **Galeries Lafayette** (S. 39, 68) geht. Ein Highlight wartet auch auf dem Dach des **Institut du Monde Arabe** (S. 40): Der Blick auf Paris ist berauschend. Nach exquisitem Abendessen im **L'Atelier de Joel Robuchon** (S. 68) folgt eine Ballettvorführung in der **Opéra Garnier** (S. 33), für die Sie sich am Morgen bereits die Karten gesichert haben. Der krönende Abschluss des Tages ist Bier in der angesagten Bar **Chez Prune** (S. 86). Danach fallen Sie selig in die weichen Kissen Ihres Betts im **L'Hôtel** (S. 112).

> **SO** Der Tag beginnt mit dem luxuriösen Frühstück in Ihrem edlen Hotel, denn das ist inbegriffen. Das Buffet ist so reichhaltig, dass Sie auf teure Extras wie Rührei mit Speck problemlos verzichten können. Als nächstes erwartet Sie das **Musée de la vie romantique** (S. 29) mit seinem idyllischen Garten. Hungrig geworden? Dann nichts wie hin zu **Chez Marianne** (S. 60), einer Pariser Institution. Der Vorspeisenteller im jüdischen Restaurant ist so groß, dass er ein komplettes Mittagessen ersetzt. **Chinemachine** (S. 80) heißt der Secondhand-Laden, in dem Sie danach Schnäppchen von Luxusmarken wie Hermès finden können. Im glanzvollen **Petit Palais** (S. 30) tauchen Sie jetzt noch einmal in Prunk und schöne Künste ab, und anschließend gönnen Sie sich ein Abendessen im **Les Cocottes** (S. 68), nicht weit vom Eiffelturm. Der Küche hier merkt man die zwei Michelin-Sterne an, die Christian Constant im Ritz bekam.

LOW BUDGET
LUXUS WEEKEND

LUXUS LOW BUDGET		REGULÄR	
SA			
5 VTC-Fahrten	55,00€	5 Taxifahrten	110,00€
Musée du Parfum	🐷	Musée des Arts et Métiers	8,00€
Tasche im		Tasche gleicher Marke	
Maroquinerie Parisienne	72,00€	in Luxusboutique	120,00€
Imbiss Galeries Lafayette	20,00€	Gourmetlunch im Restaurant	50,00€
Aussichtsterrasse des		Aussichtsterrasse des	
Institut du Monde Arabe	🐷	Tour Montparnasse	17€
Abendessen im L'Atelier		Abendessen im	
de Joel Robuchon	99,00€	Gourmetrestaurant regulär	155,00€
Ballett Opéra Garnier,		Ballett Opéra Garnier,	
visibilité faible	10,00€	Durchschnittsplatz	75,00€
Ein Bier bei Chez Prune	3,00€	Wein in Bar um die Opéra	7,00€
L'Hôtel (Last Minute)	365,50€	L'Hôtel regulär	430,00€
SO			
Frühstück im Hotel ohne Extras	🐷	Frühstück im Hotel mit Extras	8,50€
5 VTC-Fahrten	55,00€	5 Taxifahrten	110,00€
Musée de la vie romantique	🐷	Musée de Cluny	9,00€
Vorspeisenteller Chez Marianne	14,00€	Lunch im Spezialitätenlokal	25,00€
Petit Palais	🐷	Ausstellung im Grand Palais	15,00€
Seidentuch von Hermès	150,00€	Seidentuch von Hermès regulär	360,00€
Dinner im Les Cocottes	30,00€	Menü Sternelokal	200,00€
GESAMT	**873,50€**	**GESAMT**	**1699,50€**

> GESPART   826,00€

PARIS
MÉTRO – RER – TRAMWAY